Joe Heinrich

Horst Schlämmer

und der Rummelhenker Hackepeter

Zu diesem Buch

Im berüchtigten »Wilddieb« an Gertis Theke, bei Doornkaat und Mettwurstbrötchen, tönt Horst Schlämmer: Schätzelein, ich lad dich ein, auffe Kirmes. Dort in der Spukbahn, wenn es Gerti gruselig wird, will Horst sie schützend an sich drücken. Doch Schutz braucht dort nicht nur die Gerti.
Als Stellvertretender Chefredakteur vom Grevenbroicher Tagblatt stürzt sich Horst Schlämmer auf der Kirmes ins wahre Abenteuer. Die Geisterbahn mit ihrem ortsbekannten Henker Hackepeter ist dieses Jahr die Attraktion. Der Henker soll vor Hunderten von Jahren an genau dieser Stelle Opfer eines Komplotts geworden sein. Seitdem wütet sein Geist in der Spukbahn. Horst Schlämmer blickt der Gefahr ins Gesicht und folgt den Spuren des Henkers – bis er dem Rache schwörenden Hackepeter persönlich gegenüber steht.
Abgefahren, lebensnah und echt Horst Schlämmer – der erste Comic mit Hape Kerkelings preisgekröntem Fernseh-Held.

Joe Heinrich wurde etwa um 1976 im schottischen Edinburgh geboren, schrieb und zeichnete bisher 14 Comicalben, unter anderem über die Schrottautobrüder Ludolf aus dem Westerwald und die Formel 1. Nun widmet er sich in bewährt origineller und lebensechter Manier dem Stellvertretenden Chefredakteur des Grevenbroicher Tagblatts, Horst Schlämmer. Hans-Peter Kerkeling war fasziniert von der Idee, seine mit dem Deutschen Comedypreis ausgezeichnete Fernsehfigur in einem Comic-Abenteuer zu erleben.

HORST SCHLÄMMER

und der Rummelhenker Hackepeter

Geschrieben und gezeichnet
von Joe Heinrich

Piper München Zürich

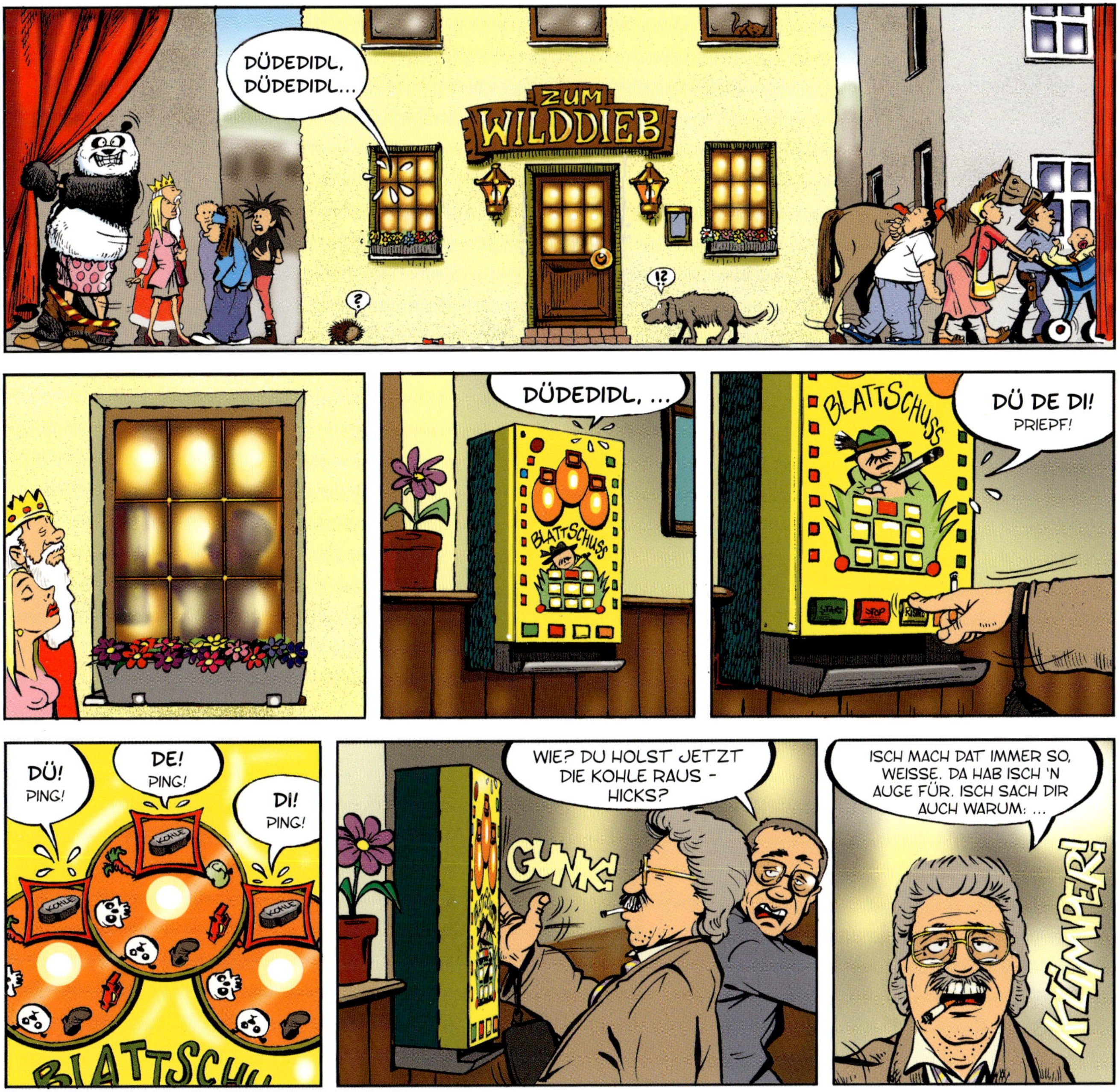
DÜDEDIDL,
DÜDEDIDL...
ZUM WILDDIEB
DÜDEDIDL, ...
BLATTSCHUSS
DÜ DE DI!
PRIEPF!
DÜ!
PING!
DE!
PING!
DI!
PING!
KOHLE
BLATTSCHU
WIE? DU HOLST JETZT DIE KOHLE RAUS – HICKS?
GUNK!
ISCH MACH DAT IMMER SO, WEISSE. DA HAB ISCH 'N AUGE FÜR. ISCH SACH DIR AUCH WARUM: ...
KLÜMPER!

KLIMPER!
… SEITDEM ISCH RÜCKEN HAB, HAB ISCH BESSERE AUGEN! ISCH MEIN, DAT KOMMT VONNE FÜSSE.
IS DAT JETZ WIEDER SO 'NE MODE, WIE DAT MIT DEN HOSEN, DIE IN DEN KNIE-KEHLEN HÄNGEN?
NEE, DAS IS EIN MITTELALTER-KOSTÜM.
ALSO, ISCH MUSS IMMER TOP-AKTUELL SEIN, WEISSE! KUCK MA, HIER, DAT IS 'N ESCHTER „ANGELO LITRICO"!
DA HAB ISCH 120 EURO FÜR BEZAHLT! ABER ISCH MACH 3000 EURO …
DÜDL!
… MO-MENT!
DÜDL!
SCHEISSE, WAT WILL DER DENN NOCH VON MIR?
DÜDL!

JA? JAJA, DEN KLÜNGEL VERGESS ISCH NIT ...
... NEE, ÜBERMORGEN IS TERMIN, DA WIRD KNALLHART NACHGEFRAGT, JA, ISCH WEISS BE ...
... SCHEISSE, DAT WAR DER CHEF! JETZ ISSER WEG!
WAS WAR 'N?
ISCH SOLL ÜBERMORGEN WAS ÜBER DEN KLÜNGEL AUFE KIRMES SCHREIBEN, „KNALLHART NACHGEFRAGT"!
ÜBER DEN POLIT-HEINI? BIST DU REPORTER, ODER SO?
ISCH BIN HORST SCHLÄMMER, STELLVERTRETENDER CHEFREDAKTEUR VOM GREVENBROICHER TAGBLATT!
GERTI, MACHST DU MIR NOCH 'NE ... LITRI - HICKS - CO?
'NE LIMO? MACH ISCH DIR. ABER BIER KRIEGST DU KEINS MEHR!
UND MACH MIR DOCH DIE GLOTZE AN - ES IS SCH ... SCHON SECHS - HICKS - SPORT... SCHLAU LÄUFT!

* REPUBLIK: NAME DES ALTEN VOLKSFESTPLATZES IN GREVENBROICH. ** ERFT: KLEINES FLÜSSCHEN DURCH GREVENBROICH.

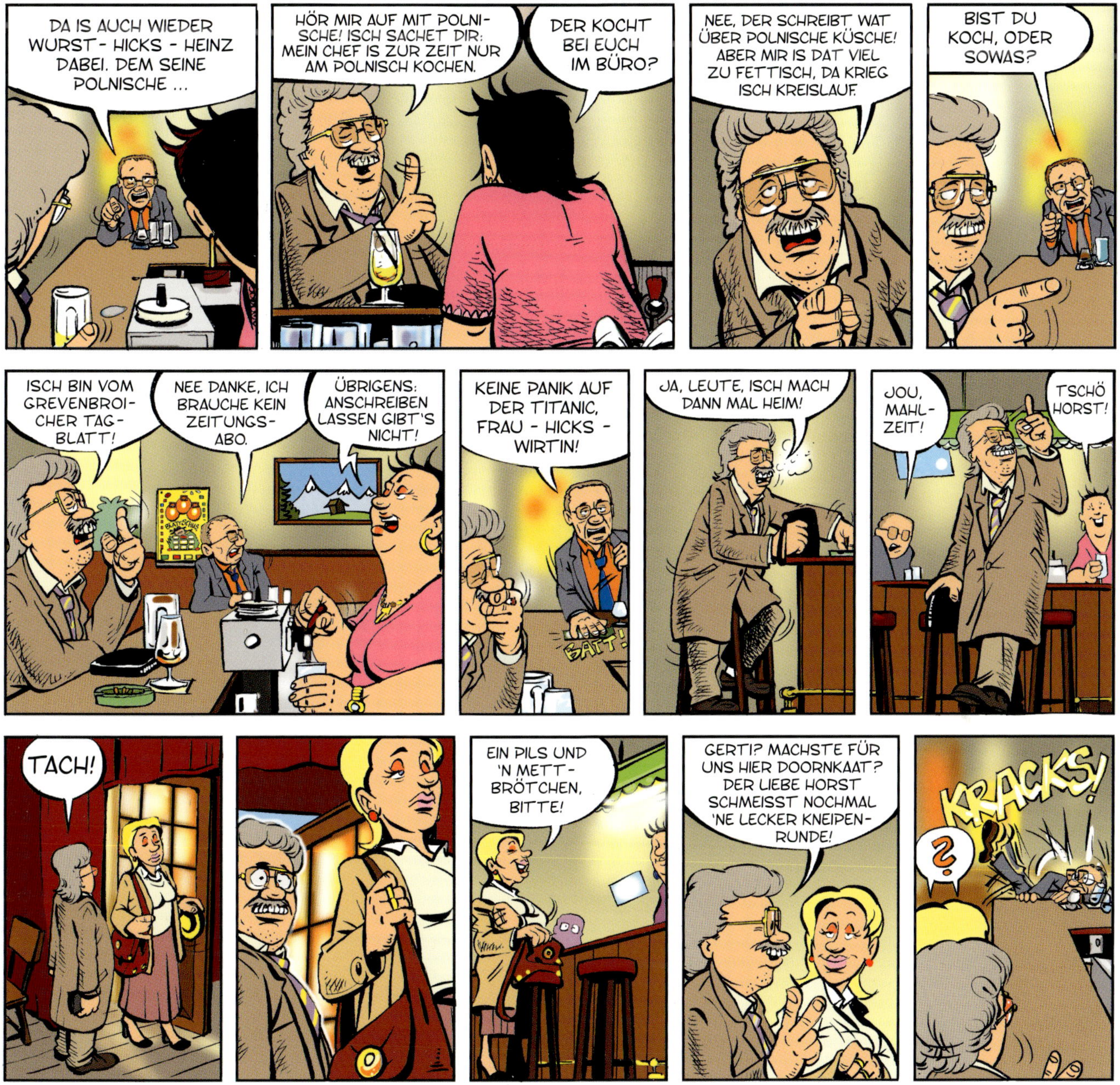

DA IS AUCH WIEDER WURST - HICKS - HEINZ DABEI. DEM SEINE POLNISCHE ...
HÖR MIR AUF MIT POLNISCHE! ISCH SACHET DIR: MEIN CHEF IS ZUR ZEIT NUR AM POLNISCH KOCHEN.
DER KOCHT BEI EUCH IM BÜRO?
NEE, DER SCHREIBT WAT ÜBER POLNISCHE KÜSCHE! ABER MIR IS DAT VIEL ZU FETTISCH, DA KRIEG ISCH KREISLAUF.
BIST DU KOCH, ODER SOWAS?
ISCH BIN VOM GREVENBROICHER TAGBLATT!
NEE DANKE, ICH BRAUCHE KEIN ZEITUNGSABO.
ÜBRIGENS: ANSCHREIBEN LASSEN GIBT'S NICHT!
KEINE PANIK AUF DER TITANIC, FRAU - HICKS - WIRTIN!
BATT!
JA, LEUTE, ISCH MACH DANN MAL HEIM!
JOU, MAHLZEIT!
TSCHÖ HORST!
TACH!
EIN PILS UND 'N METTBRÖTCHEN, BITTE!
GERTI? MACHSTE FÜR UNS HIER DOORNKAAT? DER LIEBE HORST SCHMEISST NOCHMAL 'NE LECKER KNEIPENRUNDE!
KRACKS!
?

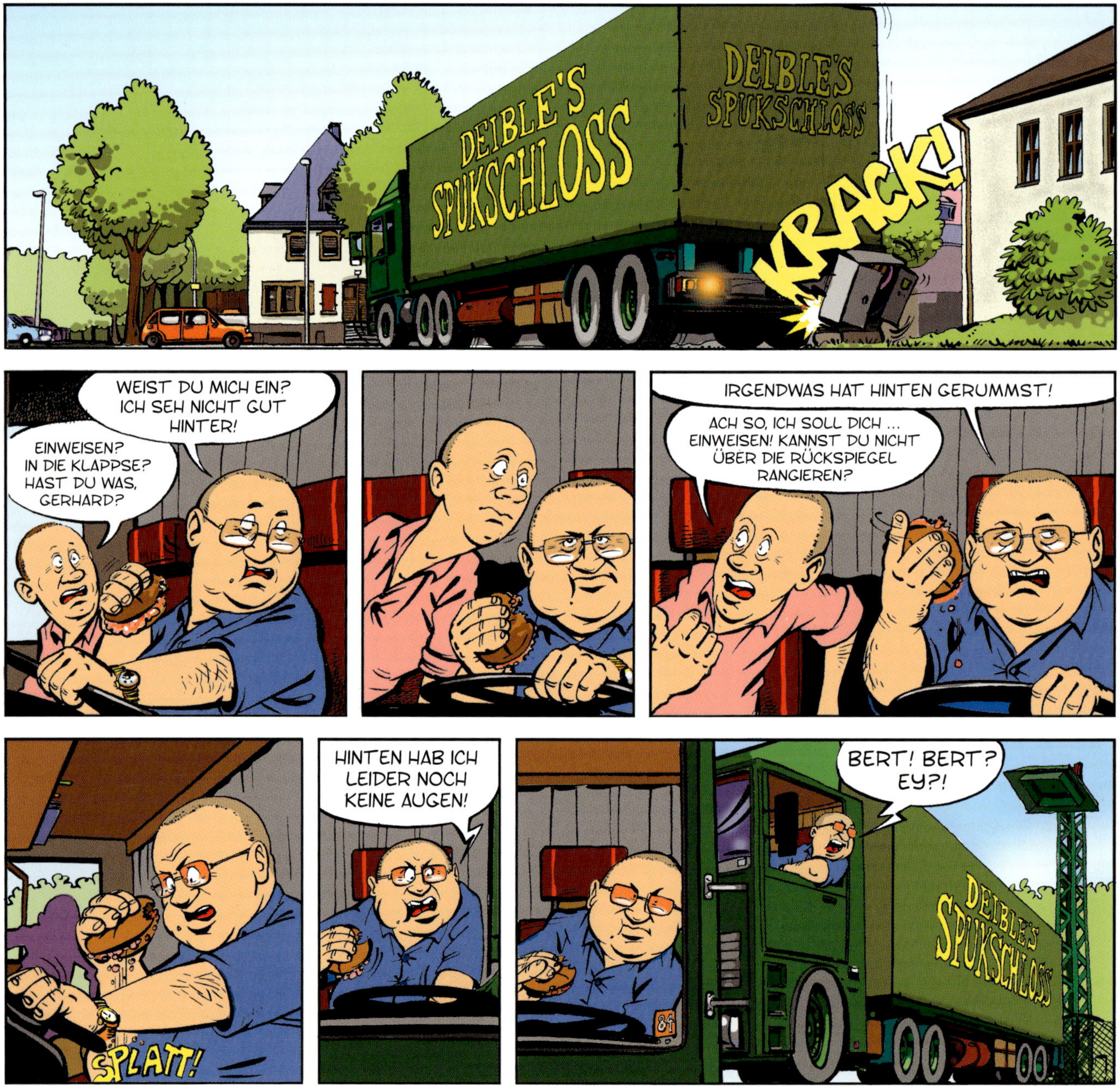
DEIBLE'S SPUKSCHLOSS
DEIBLE'S SPUKSCHLOSS
KRACK!
WEIST DU MICH EIN? ICH SEH NICHT GUT HINTER!
EINWEISEN? IN DIE KLAPPSE? HAST DU WAS, GERHARD?
IRGENDWAS HAT HINTEN GERUMMST!
ACH SO, ICH SOLL DICH ... EINWEISEN! KANNST DU NICHT ÜBER DIE RÜCKSPIEGEL RANGIEREN?
SPLATT!
HINTEN HAB ICH LEIDER NOCH KEINE AUGEN!
BERT! BERT? EY?!
DEIBLE'S SPUKSCHLOSS

DEIBLE'S SPUKSCHLOSS
RUCKZUCK
DEIBLE'S SPUKSCHLOSS
DAS WAR UM SO VIEL, DANN HÄTTEST DU DEN KASTEN VOLL ABRASIERT!
HÖRST DU MICH NICHT? WAS KAPUTT?
MA KUCKEN!
ZOPP!
MENSCH, DA IS DOCH STROM DRAUF!
BZZZ
ABER NICHT SOOO VIEL!
DU KANNST DOCH NICHT MIT DEN FINGERN DA RAN. DAS IS STARKSTROM!
ERZÄHL MIR DOCH NIX VOM STROM! ICH HATTE ...
... NUR 'N BISSCHEN SCHWITZEFINGER!
BATT!

KURZ DARAUF ...
WO IS DENN DIE KAPUZE?
MAMA, GIBT'S NOCH KAFFEE?
HIER! IS ABER LEER. ICH HAB DEN LETZTEN SCHLUCK ...
ERW.: 4.- EURO KINDER: 3.- EURO
IS DOCH NOCH WAS DRIN.
ERW.: 4.- EURO KINDER: 3.- EURO
ACH? DEN WIRST DU DOCH MIT DEINER MAMA TEILEN?
WAS IS 'N DAS HIER? DAS KABEL GEHÖRT DOCH ...!
ERW.: 4.- EURO KINDER: 3.- EURO
IN HAMBURG HABEN DIE 'NE OMA ZERHACKT. DIE HABEN DER TANTE DEN KOPF ...
... ABGESCHLAGEN! DIE WAR ERST 82 ...
KREISCH!

HILFE!
PITSCH
AUA!
HAT'S DIR EINE GEWISCHT? BIST DU MIT SCHWITZEFINGER AN DIE KABEL?
MAMA, VERDAMMT NOCH MAL, DER KAFFEE IS HEISS!
BERT HAT MICH ERSCHRECKT. DER STEHT MIT 'NEM BEIL HINTER MIR.
QUIEK!
WIR HABEN DIE KAPUZE VOM HACKEPETER VERSCHLAMPT.
ERW.: 4.- EURO KINDER: 3.- EURO
ERW.: 4.- EURO KINDER: 3.- EURO
ACH DAS IS AUS … DER BAHN?
MAMA! JEDESMAL SCHNAPPST DU DIR DIE KAPUZE VOM HENKER.
ICH BRAUCH HIER 'NE ORDENTLICHE TISCHDECKE. SO SIEHT DAS NIX AUS.
KEIN FAHRGAST INTERESSIERT SICH FÜR 'NE TISCHDECKE IM KASSENHÄUSCHEN!
ABER GERHARD, NICHT SO HART. HILDCHEN HAT'S HALT GERN GEMÜTLICH.
GIBT'S BEI EUCH AUCH RABATTKARTEN?

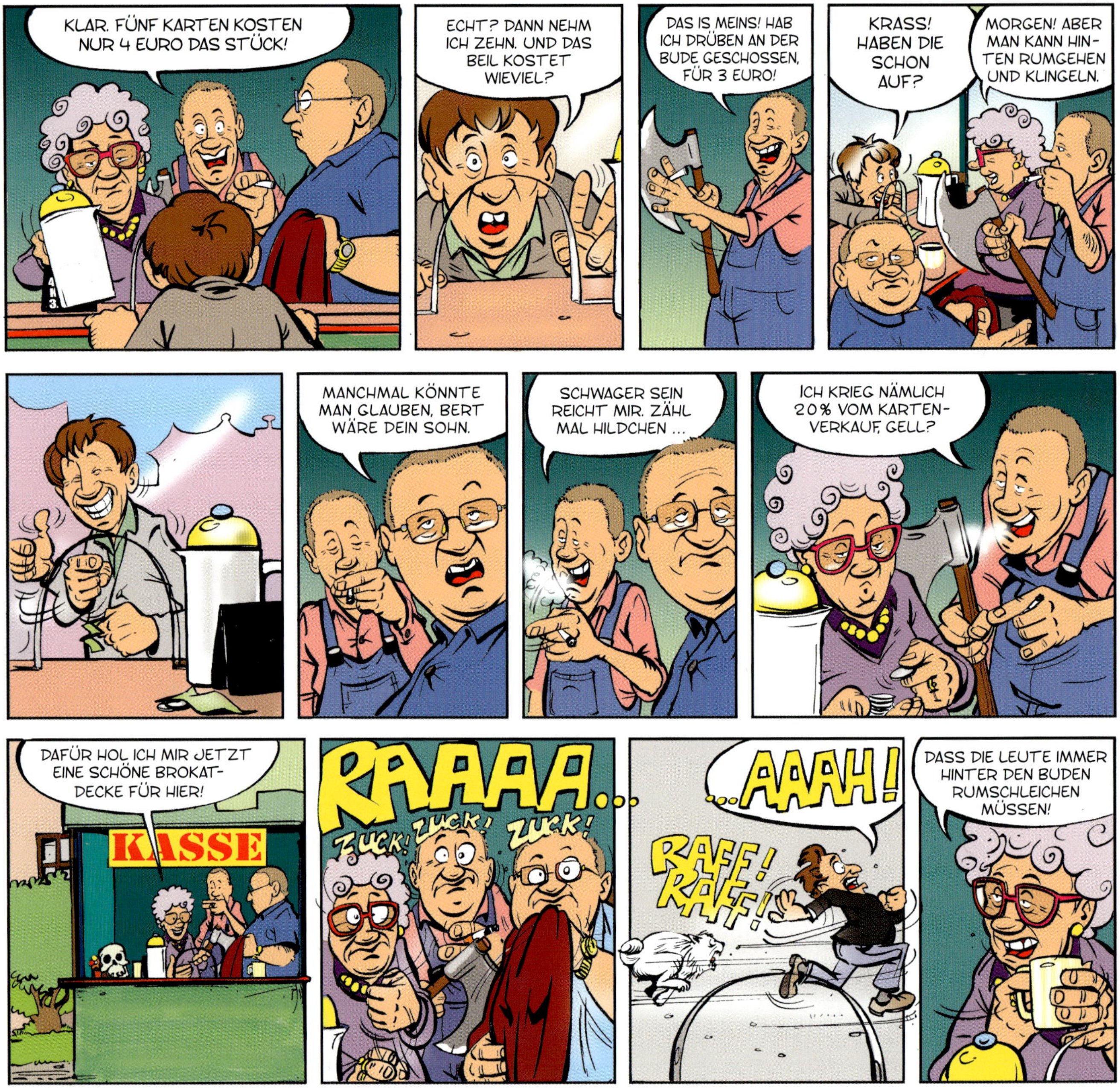
KLAR. FÜNF KARTEN KOSTEN NUR 4 EURO DAS STÜCK!
ECHT? DANN NEHM ICH ZEHN. UND DAS BEIL KOSTET WIEVIEL?
DAS IS MEINS! HAB ICH DRÜBEN AN DER BUDE GESCHOSSEN, FÜR 3 EURO!
KRASS! HABEN DIE SCHON AUF?
MORGEN! ABER MAN KANN HINTEN RUMGEHEN UND KLINGELN.
MANCHMAL KÖNNTE MAN GLAUBEN, BERT WÄRE DEIN SOHN.
SCHWAGER SEIN REICHT MIR. ZÄHL MAL HILDCHEN ...
ICH KRIEG NÄMLICH 20% VOM KARTENVERKAUF, GELL?
DAFÜR HOL ICH MIR JETZT EINE SCHÖNE BROKATDECKE FÜR HIER!
KASSE
RAAAAA...
ZUCK! ZUCK! ZUCK!
...AAAH!
RAFF! RAFF!
DASS DIE LEUTE IMMER HINTER DEN BUDEN RUMSCHLEICHEN MÜSSEN!

* POLNISCH UGS.: DIE NAHRUNGSAUFNAHME VERWEIGERN.

DAS IS VON EINEM SPEZIALISIERTEN „HERR DER RINGE"-POWERSELLER AUS KRAKAU!
DU HAST KEIN ZAUBERSPRÜCHE-BUCH ERSTEIGERT, SONDERN 'N KOCHBUCH!
UND DER SPRUCH HIER? MOMENT, DER IS ORIGINAL AUS DER POLNISCHEN FAS-SUNG ... MOMENT!
HAUF RAUF, DIRK! AFTUNG, NOCH 'N POL-NIFEF REPFEPT VON DIRKFKOFKI!
FFFIT! VOLL AUF DIE NEUEN LEDERFUHE!
TERAZ GRA IDZIE O NA-JWYZSZA ... STAWKE!
BATZ!
BZZZ
ZOSCH!
!?

GRRROMM
SPUKSCHLOSS
KASSE
!?
BOAH! DAS DING IS JA GEIL, ALTER!
ICH HAB NIX GEMACHT! ECHT NICHT!
DEIN ZAUBERSTAB HAT TOTAL ABGEFLASHT!
HALLO? HAT JEMAND MAL SEIFE? ICH HAB METTWURST AUF 'M SCHUH. DAS GIBT 'N SCHEISS FETTFLECK.
WAS IS?
DIRK SEIN STAB HAT VOLL ABGEBLITZT UND DER BLITZ IS DA IN DIE GEISTERBAHN EINGESCHLAGEN.
EY GUIDO, SO RICHTIG ÜBEL IS AUCH SCHWEINESCHMALZ.
DIE SCHUHE WAREN SAUTEUER!
HALLO? VERGESS MAL DEINE SCHUHE! AUS MEINEM STOCK HAT'S GRAD VOLL GEBLITZT!
FREUNDE?! MÜSST IHR HIER SO 'N RABATZ MACHEN? WIR MÜSSEN MORGEN ALLE FRÜH RAUS!

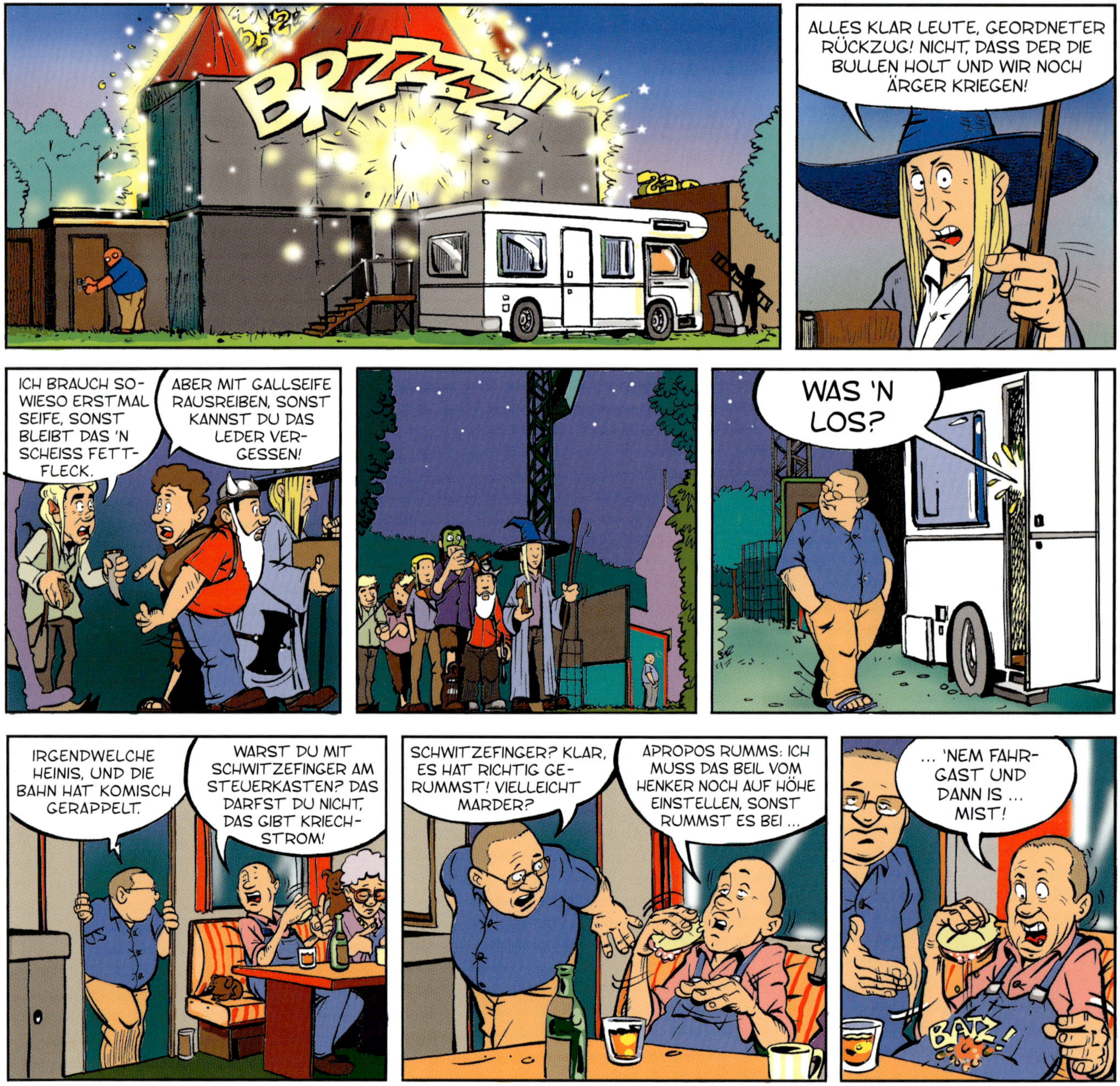
BRZZZZ!
ALLES KLAR LEUTE, GEORDNETER RÜCKZUG! NICHT, DASS DER DIE BULLEN HOLT UND WIR NOCH ÄRGER KRIEGEN!
ICH BRAUCH SOWIESO ERSTMAL SEIFE, SONST BLEIBT DAS 'N SCHEISS FETTFLECK.
ABER MIT GALLSEIFE RAUSREIBEN, SONST KANNST DU DAS LEDER VERGESSEN!
WAS 'N LOS?
IRGENDWELCHE HEINIS, UND DIE BAHN HAT KOMISCH GERAPPELT.
WARST DU MIT SCHWITZEFINGER AM STEUERKASTEN? DAS DARFST DU NICHT, DAS GIBT KRIECHSTROM!
SCHWITZEFINGER? KLAR, ES HAT RICHTIG GERUMMST! VIELLEICHT MARDER?
APROPOS RUMMS: ICH MUSS DAS BEIL VOM HENKER NOCH AUF HÖHE EINSTELLEN, SONST RUMMST ES BEI ...
... 'NEM FAHRGAST UND DANN IS ... MIST!
BATZ!

IN DER GEISTERBAHN WIRKT DER ZAUBER ...
HACKEPETER
BRZZZ!
BSSS!
BRZZZ!
ZIPP!
iSSSS!
ZUCK!
RACK!
BSSSS!

AUF DER KIRMES ...
ABER HASE, DAT DING IS DOCH SCHIEF! HAST DU KEIN RISCHTIGES LUFTGEWEHR?
WENN DER LAUF GRADE WÄR, WÜRDEN DIE LEUTE UNS DIE BUDE LEERSCHIESSEN.
GRRR!
KUCK MA, SCHÄTZELEIN, HIER, DER LAUF IS VIEL ZU KURZ, WEISSE!
SIE SIND 'N ECHTER PROFI-SCHÜTZE, WAS?
RRR...
ISCH BIN HORST SCHLÄMMER, STELLVERTRETENDER CHEFREDAKTEUR VOM GREVENBROISCHER TAGBLATT ...
...WEISSE!
EIN PRESSE-HEINI?
JA, ISCH BIN IMMER AUFFE JAGD NACH 'NER GUTEN STORY.
ZUCK!
UND WAS MACHEN SIE ... HIER?
ISCH RESCHERSCHIER HIER SCHON MAL FÜR 'N INTERVIEW.
NEIN, DAS KANN NICHT SEIN!
ABER FETTES KORREKT, MANN!
?
RÖCHEL!
LAUFENSE NISCH WEG, ISCH MUSS MA KURZ KUCKEN, WER DA ÄRGER MACHT.

AUF DEN KOPF, KEVIN.
KUCK MA, ALTER, ISCH HAB HIER VOLL LINK VON DEM SCHEISSTEIL AUF DIE FRESSE BEKOMMEN!
DAS KANN NICHT SEIN, DAS IST BEI UNS ALLES TÜV-ABGENOMMEN!
WURST HEINZ HAU REIN!
EY, TÜV ODER WAS? EGAL, ISCH HOL DIE BULLEN UND SO!
SIE KÖNNEN DIE POLIZEI HOLEN! HIER, ICH GEB IHNEN 'N PAAR FREIKARTEN!
TACH! HORST SCHLÄMMER, STELLVERTRETENDER CHEF-REDAKTEUR, GREVENBROICHER TAGBLATT. WAT IS DENN PASSIERT?
?!
?!
EY KUCKEN SIE MAL, HIER!
DAT IS MA 'N SAUBERER SCHEITEL! NUR DIE BEULE SIEHT KOMISCH AUS.
MIR HAT SO 'N SCHEISS HENKER DA IN DER BAHN VOLL AUF DIE FRESSE GEHAUEN!
DAS BEIL KANN SIE GAR NICHT TREFFEN. SIE SIND BESTIMMT IM WAGEN AUFGESTANDEN.
UND BEI UNS GIBT'S KEINE ECHTEN LEUTE IN DER BAHN, DIE UNFUG MACHEN. DA IST ALLES MECHANISCH UND TÜV-GEPRÜFT.
HÖREN SIE MA, KELIM: ISCH KUCK JETZT MA, WAT DAT AUF SISCH HAT. EINVERSTANDEN?
ISCH HEISS KEVIN! ISCH HOL BESSER DIE BULLEN, UND SO!
DAT BRAUCHEN SIE NISCH. ISCH BIN EHRENMITGLIED DER FREIWILLIGEN POLIZEI GREVENBROISCH. ISCH REGEL DAT!

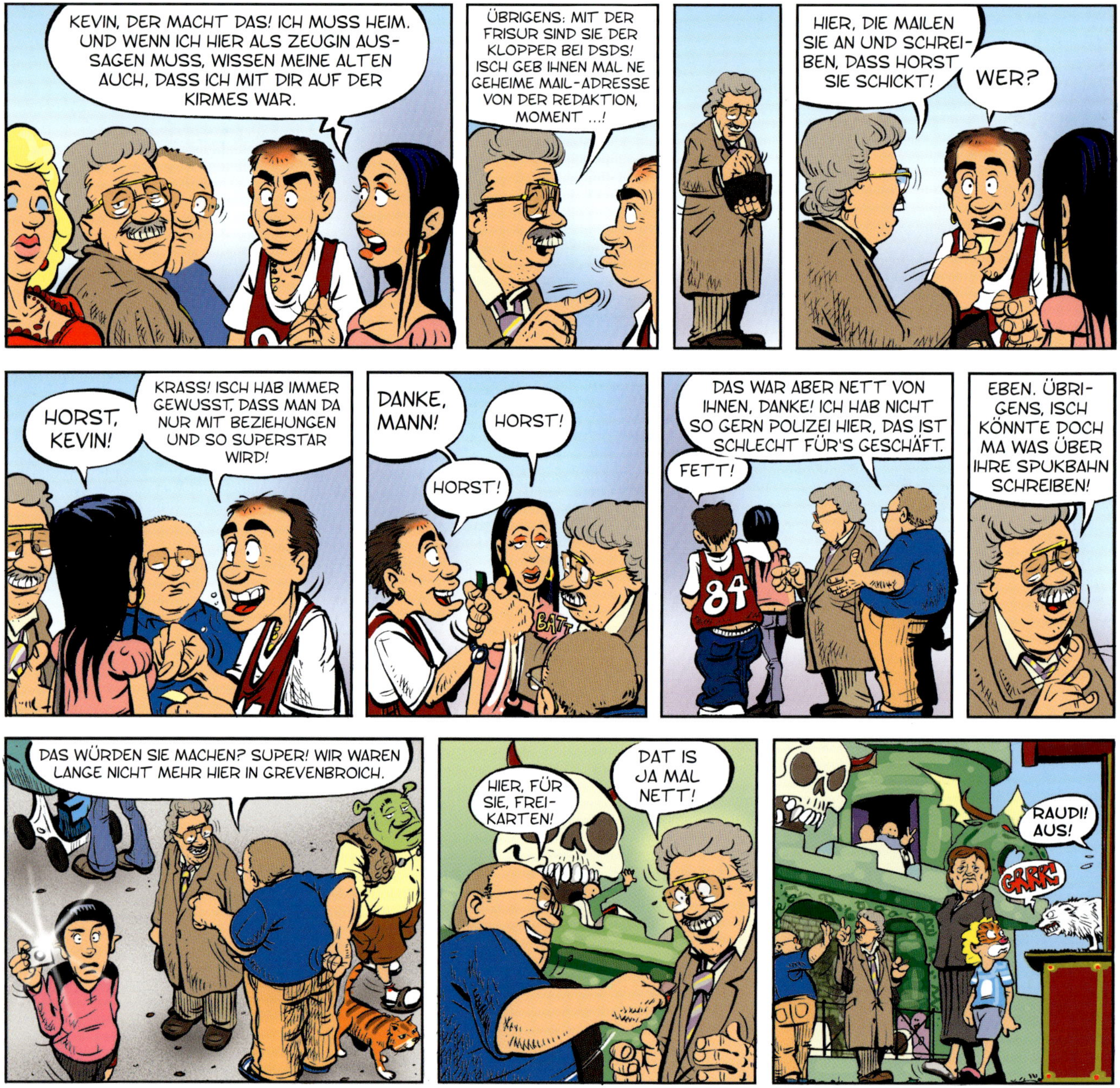
KEVIN, DER MACHT DAS! ICH MUSS HEIM. UND WENN ICH HIER ALS ZEUGIN AUSSAGEN MUSS, WISSEN MEINE ALTEN AUCH, DASS ICH MIT DIR AUF DER KIRMES WAR.
ÜBRIGENS: MIT DER FRISUR SIND SIE DER KLOPPER BEI DSDS! ISCH GEB IHNEN MAL NE GEHEIME MAIL-ADRESSE VON DER REDAKTION, MOMENT ...!
HIER, DIE MAILEN SIE AN UND SCHREIBEN, DASS HORST SIE SCHICKT!
WER?
HORST, KEVIN!
KRASS! ISCH HAB IMMER GEWUSST, DASS MAN DA NUR MIT BEZIEHUNGEN UND SO SUPERSTAR WIRD!
DANKE, MANN!
HORST!
HORST!
DAS WAR ABER NETT VON IHNEN, DANKE! ICH HAB NICHT SO GERN POLIZEI HIER, DAS IST SCHLECHT FÜR'S GESCHÄFT.
FETT!
EBEN. ÜBRIGENS, ISCH KÖNNTE DOCH MA WAS ÜBER IHRE SPUKBAHN SCHREIBEN!
DAS WÜRDEN SIE MACHEN? SUPER! WIR WAREN LANGE NICHT MEHR HIER IN GREVENBROICH.
HIER, FÜR SIE, FREIKARTEN!
DAT IS JA MAL NETT!
RAUDI! AUS!
GRRR!

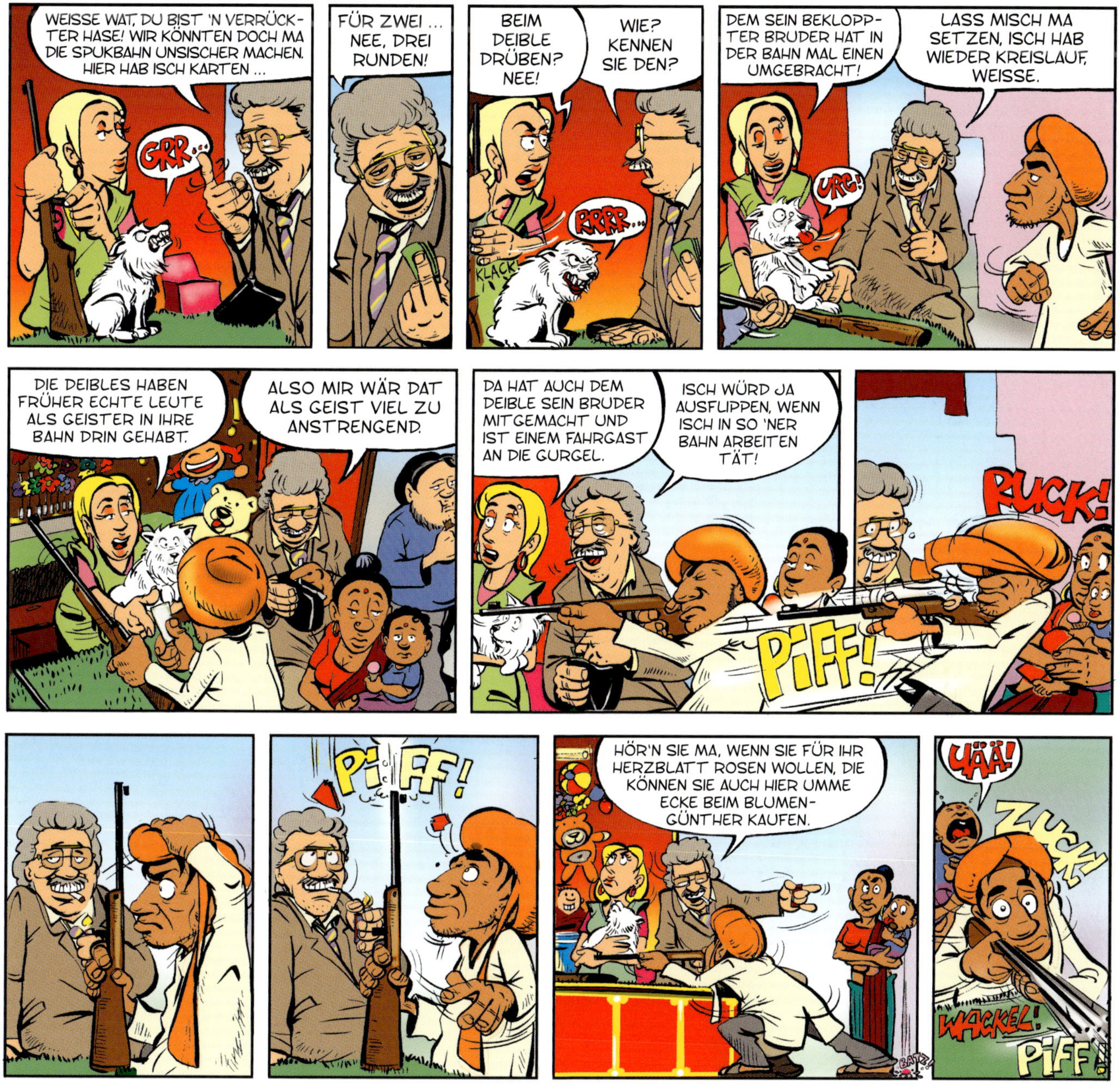
WEISSE WAT, DU BIST 'N VERRÜCKTER HASE! WIR KÖNNTEN DOCH MA DIE SPUKBAHN UNSICHER MACHEN. HIER HAB ISCH KARTEN ...
GRR...
FÜR ZWEI ... NEE, DREI RUNDEN!
BEIM DEIBLE DRÜBEN? NEE!
WIE? KENNEN SIE DEN?
RRRR...
KLACK!
DEM SEIN BEKLOPPTER BRUDER HAT IN DER BAHN MAL EINEN UMGEBRACHT!
LASS MISCH MA SETZEN, ISCH HAB WIEDER KREISLAUF, WEISSE.
URG!
DIE DEIBLES HABEN FRÜHER ECHTE LEUTE ALS GEISTER IN IHRE BAHN DRIN GEHABT.
ALSO MIR WÄR DAT ALS GEIST VIEL ZU ANSTRENGEND.
DA HAT AUCH DEM DEIBLE SEIN BRUDER MITGEMACHT UND IST EINEM FAHRGAST AN DIE GURGEL.
ISCH WÜRD JA AUSFLIPPEN, WENN ISCH IN SO 'NER BAHN ARBEITEN TÄT!
RUCK!
PIFF!
PIFF!
HÖR'N SIE MA, WENN SIE FÜR IHR HERZBLATT ROSEN WOLLEN, DIE KÖNNEN SIE AUCH HIER UMME ECKE BEIM BLUMEN-GÜNTHER KAUFEN.
BATZ!
UÄÄ!
ZUCK!
WACKEL!
PIFF!

ISCH HAB DA DOCH NOCH 'NE VISITENKARTE, MO-MENTSCHEN, AH, HIER!
UÄÄÄ!
RIESCHEN SIE MA! NA? DUFTET NACH ROSEN. DAT IS MA GUTE REKLAME!
JEDENFALLS HAT 'N GAST 'N HERZKASPER BEKOMMEN. MICH KRIEGEN SIE DA AUF JEDEN FALL NICHT REIN.
ÄÄÄ!
SCHÄTZELEIN, BLEI-BENSE MA HIER! DER ALTE FUCHS MUSS MA EBEN KURZ ...
... AUFFE JAGD GEHEN. ISCH KOMM SPÄTER NOCHMA FÜR SIE ROSEN SCHIESSEN!
RÄÄ!
KASSE
SAGEN SIE MA, MEIN FRÄULEIN, IS DER CHEF AUCH DA?
NEIN. EIN ERWACHSENER, 3 EURO!
ISCH MÖSCHTE NISCHT FAHREN! ISCH WILL MIT 'M CHEF REDEN. ISCH BIN HORST SCHLÄMMER, VOM GREVENBROISCHER TAGBLATT!
NÖ, DANKE, ICH BRAUCH KEIN ZEITUNGS-ABO!
WO IS 'N ... DER CHEHEF?
MEIN SOHN? DER VERKAUFT NEBENAN FRISCHE METT-BRÖTCHEN.
DAT MACHEN SIE HIER GANZ HERVORRAGEND, SCHÄTZELEIN! ISCH KOMM SPÄTER NOCHMAL, DA KÖNNEN SIE MISCH MA ... FAHREN LASSEN.
BLÄHUNGEN SIND IN DER BAHN NICHT GESTAT-TET!

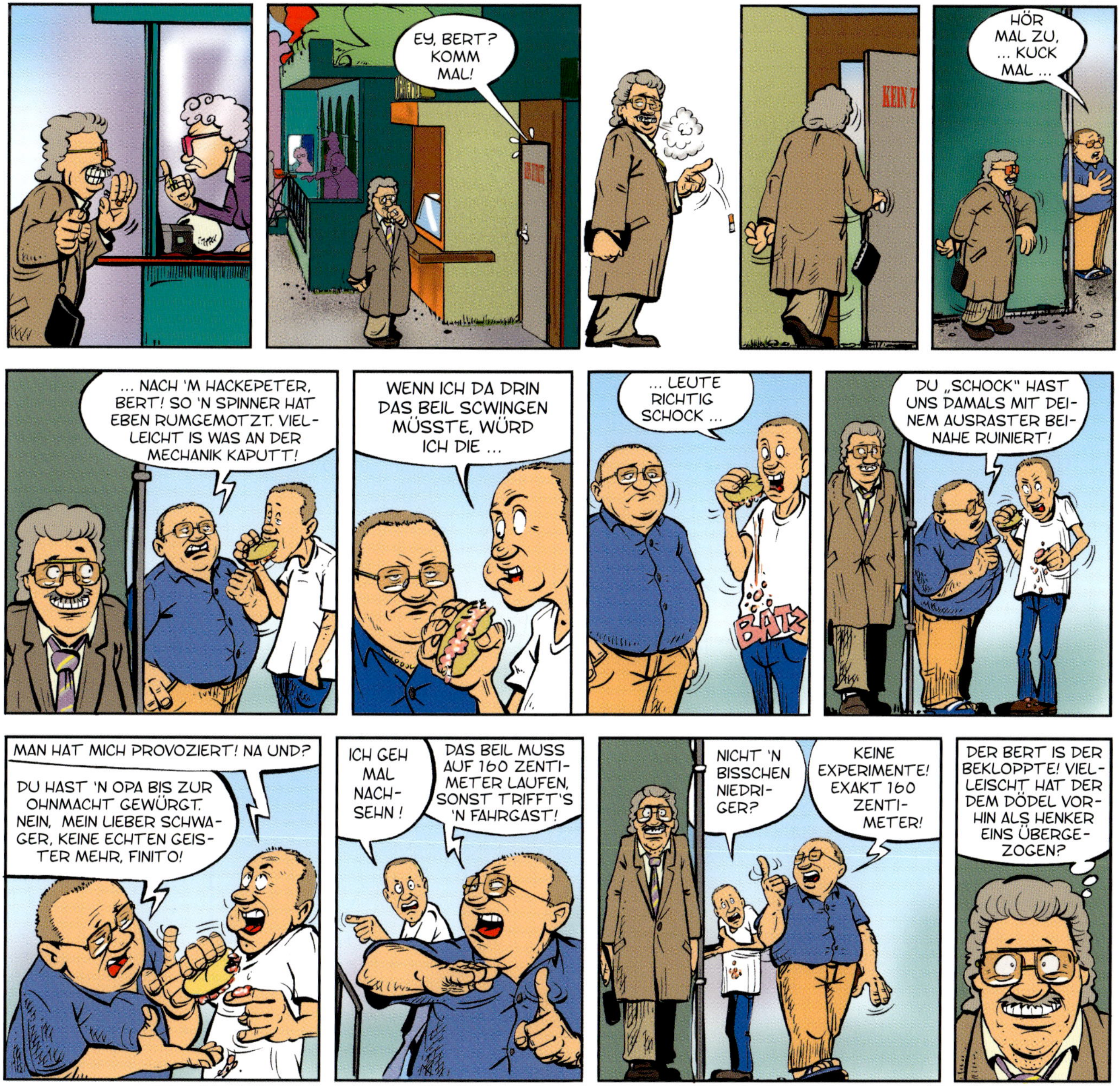
EY, BERT? KOMM MAL!
HÖR MAL ZU, ... KUCK MAL ...
... NACH 'M HACKEPETER, BERT! SO 'N SPINNER HAT EBEN RUMGEMOTZT. VIELLEICHT IS WAS AN DER MECHANIK KAPUTT!
WENN ICH DA DRIN DAS BEIL SCHWINGEN MÜSSTE, WÜRD ICH DIE ...
... LEUTE RICHTIG SCHOCK ...
BATZ
DU „SCHOCK" HAST UNS DAMALS MIT DEINEM AUSRASTER BEINAHE RUINIERT!
MAN HAT MICH PROVOZIERT! NA UND?
DU HAST 'N OPA BIS ZUR OHNMACHT GEWÜRGT. NEIN, MEIN LIEBER SCHWAGER, KEINE ECHTEN GEISTER MEHR, FINITO!
ICH GEH MAL NACHSEHN!
DAS BEIL MUSS AUF 160 ZENTIMETER LAUFEN, SONST TRIFFT'S 'N FAHRGAST!
NICHT 'N BISSCHEN NIEDRIGER?
KEINE EXPERIMENTE! EXAKT 160 ZENTIMETER!
DER BERT IS DER BEKLOPPTE! VIELLEICHT HAT DER DEM DÖDEL VORHIN ALS HENKER EINS ÜBERGEZOGEN?

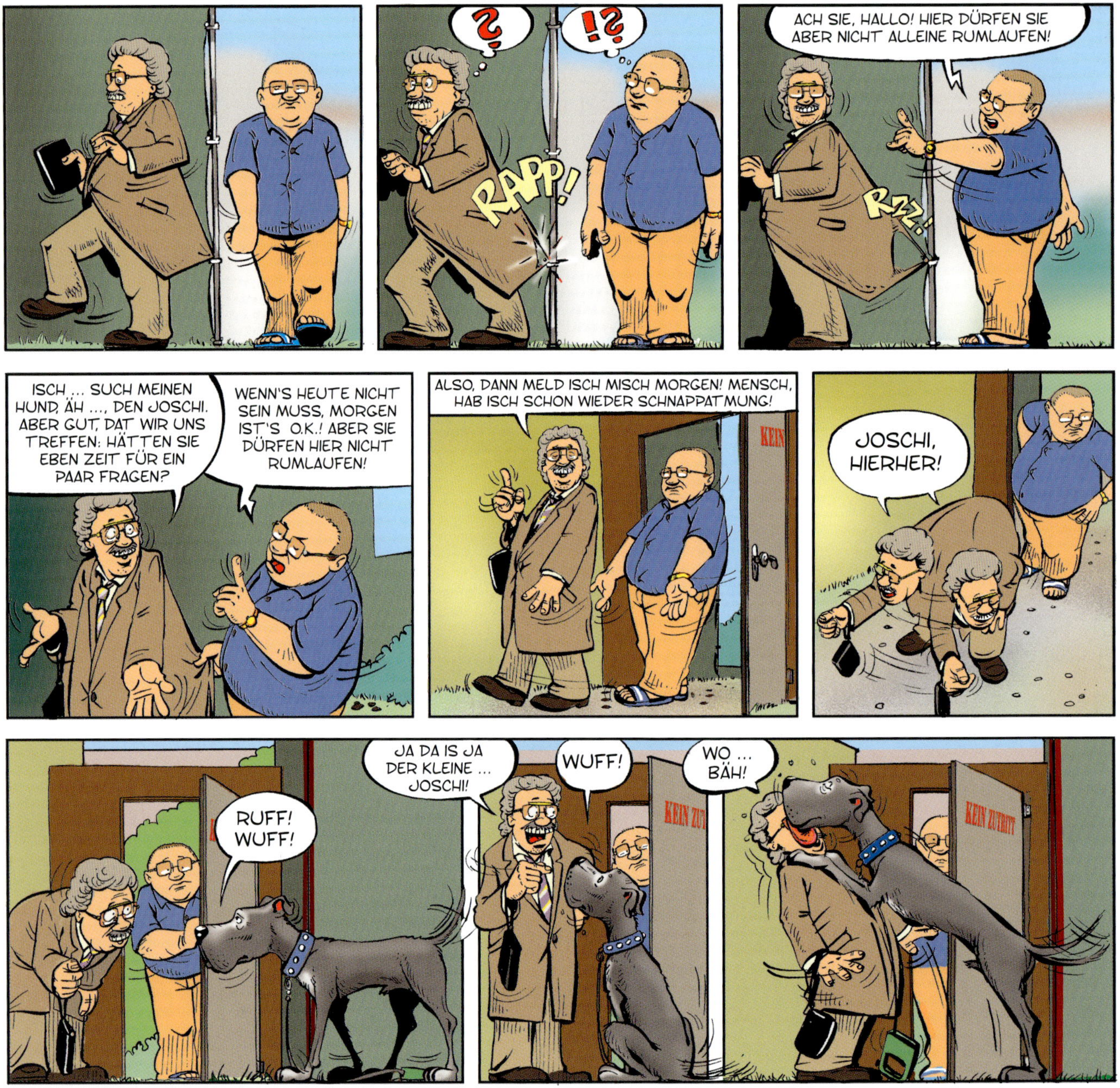
?
!?
RAPP!
ACH SIE, HALLO! HIER DÜRFEN SIE ABER NICHT ALLEINE RUMLAUFEN!
RZZ!
ISCH ... SUCH MEINEN HUND, ÄH ..., DEN JOSCHI. ABER GUT, DAT WIR UNS TREFFEN: HÄTTEN SIE EBEN ZEIT FÜR EIN PAAR FRAGEN?
WENN'S HEUTE NICHT SEIN MUSS, MORGEN IST'S O.K.! ABER SIE DÜRFEN HIER NICHT RUMLAUFEN!
ALSO, DANN MELD ISCH MISCH MORGEN! MENSCH, HAB ISCH SCHON WIEDER SCHNAPPATMUNG!
KEIN
JOSCHI, HIERHER!
RUFF! WUFF!
JA DA IS JA DER KLEINE ... JOSCHI!
WUFF!
KEIN ZUT
WO ... BÄH!
KEIN ZUTRITT

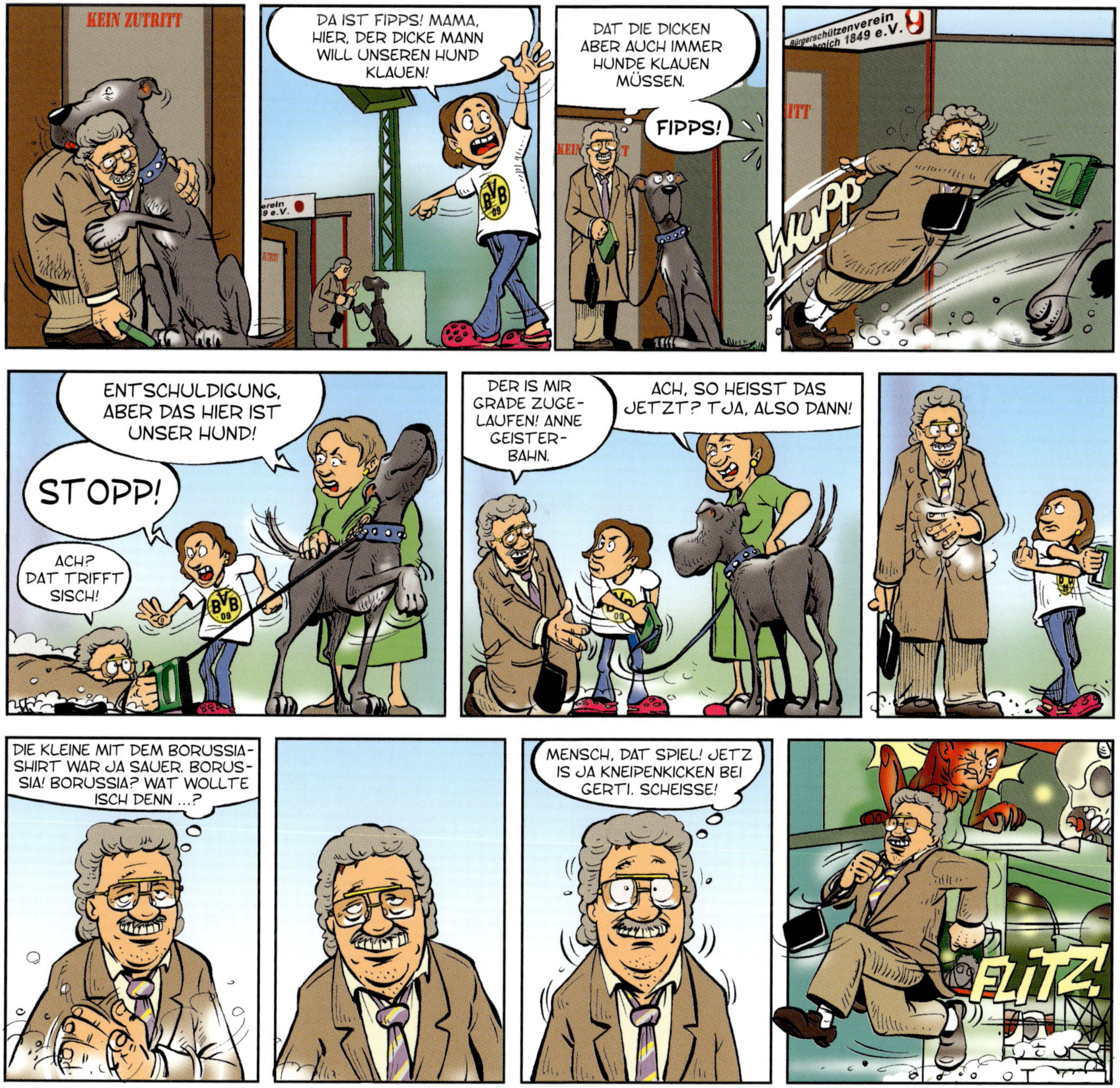
KEIN ZUTRITT
DA IST FIPPS! MAMA, HIER, DER DICKE MANN WILL UNSEREN HUND KLAUEN!
DAT DIE DICKEN ABER AUCH IMMER HUNDE KLAUEN MÜSSEN.
FIPPS!
WUPP
ENTSCHULDIGUNG, ABER DAS HIER IST UNSER HUND!
STOPP!
ACH? DAT TRIFFT SISCH!
DER IS MIR GRADE ZUGE-LAUFEN! ANNE GEISTER-BAHN.
ACH, SO HEISST DAS JETZT? TJA, ALSO DANN!
DIE KLEINE MIT DEM BORUSSIA-SHIRT WAR JA SAUER. BORUS-SIA! BORUSSIA? WAT WOLLTE ISCH DENN ...?
MENSCH, DAT SPIEL! JETZ IS JA KNEIPENKICKEN BEI GERTI. SCHEISSE!
FLITZ!

KLAPP!
HEUL!
KLAPP!
BUHU!
RAAAH!
RACK!
ÄCHTZ!
HiHiHi!
ICH GLAUB ...
WAS IST DENN MIT DIR LOS?
... ICH HAB KLAUS ...
RUMMELHENKER HACKEPETER
WUPP!
... FOBIE!
ZUCK!
SIPP!
KNISTER!
ICH MUSS SCHNELL RAUS!
ICH WERDE MICH RÄCHEN! IHR HABT MICH HIER EINST GERICHTET. NUN MÜSSEN EURE NACHFAHREN DAFÜR BÜSSEN!

FLASH!
ZUCK!
BLITZ!
DÜ DÜ DÜDL DU!
DÜ DÜ DÜDL DÜ!
DÜ DÜ DÜDL DÜ!

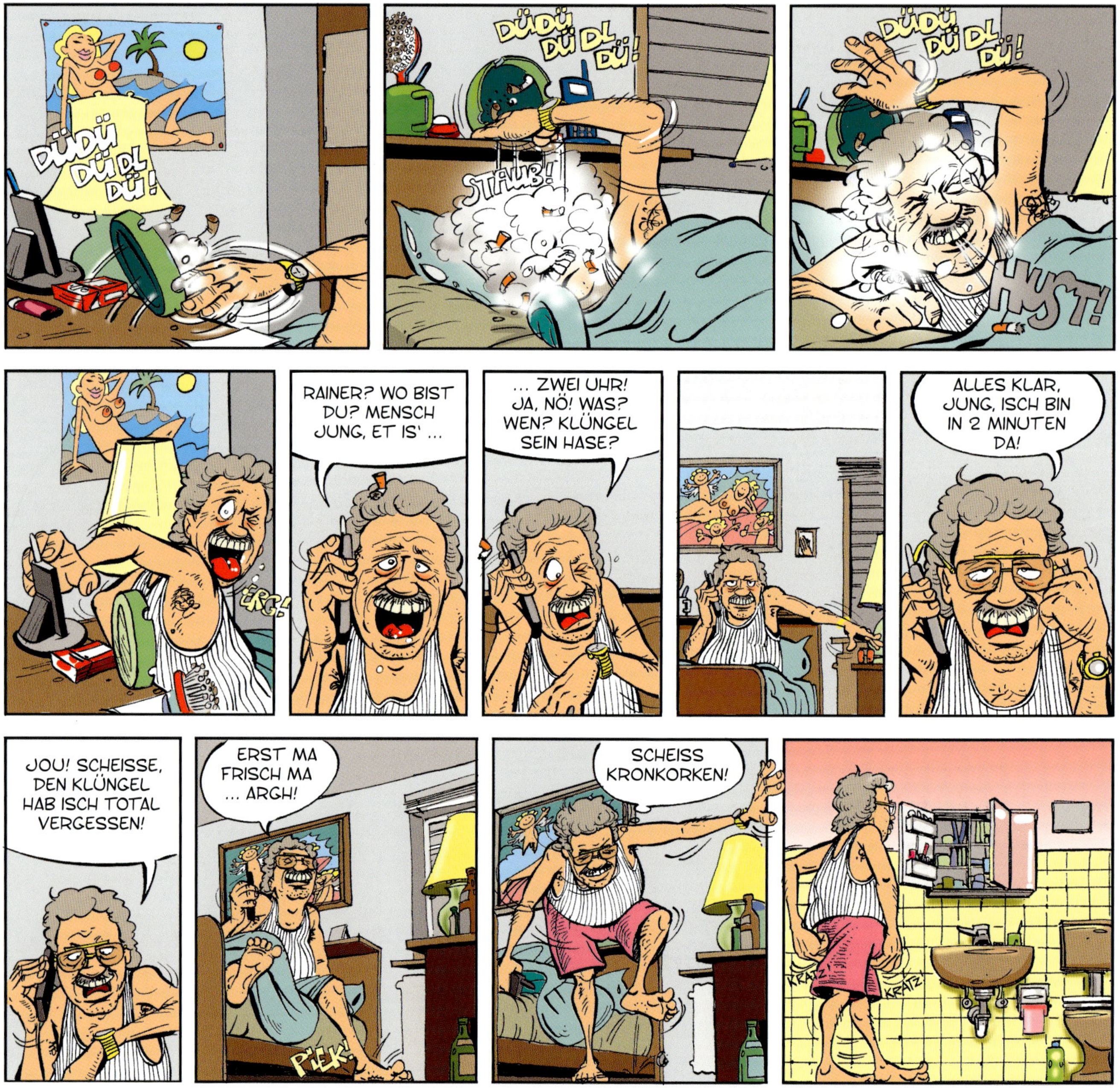
DÜDÜ DÜ DL DÜ!
DÜDÜ DÜ DL DÜ!
STAUB!
DÜDÜ DÜ DL DÜ!
HUST!
ERG!
RAINER? WO BIST DU? MENSCH JUNG, ET IS' ...
... ZWEI UHR! JA, NÖ! WAS? WEN? KLÜNGEL SEIN HASE?
ALLES KLAR, JUNG, ISCH BIN IN 2 MINUTEN DA!
JOU! SCHEISSE, DEN KLÜNGEL HAB ISCH TOTAL VERGESSEN!
ERST MA FRISCH MA ... ARGH!
PIEK!
SCHEISS KRONKORKEN!
KRATZ
KRATZ

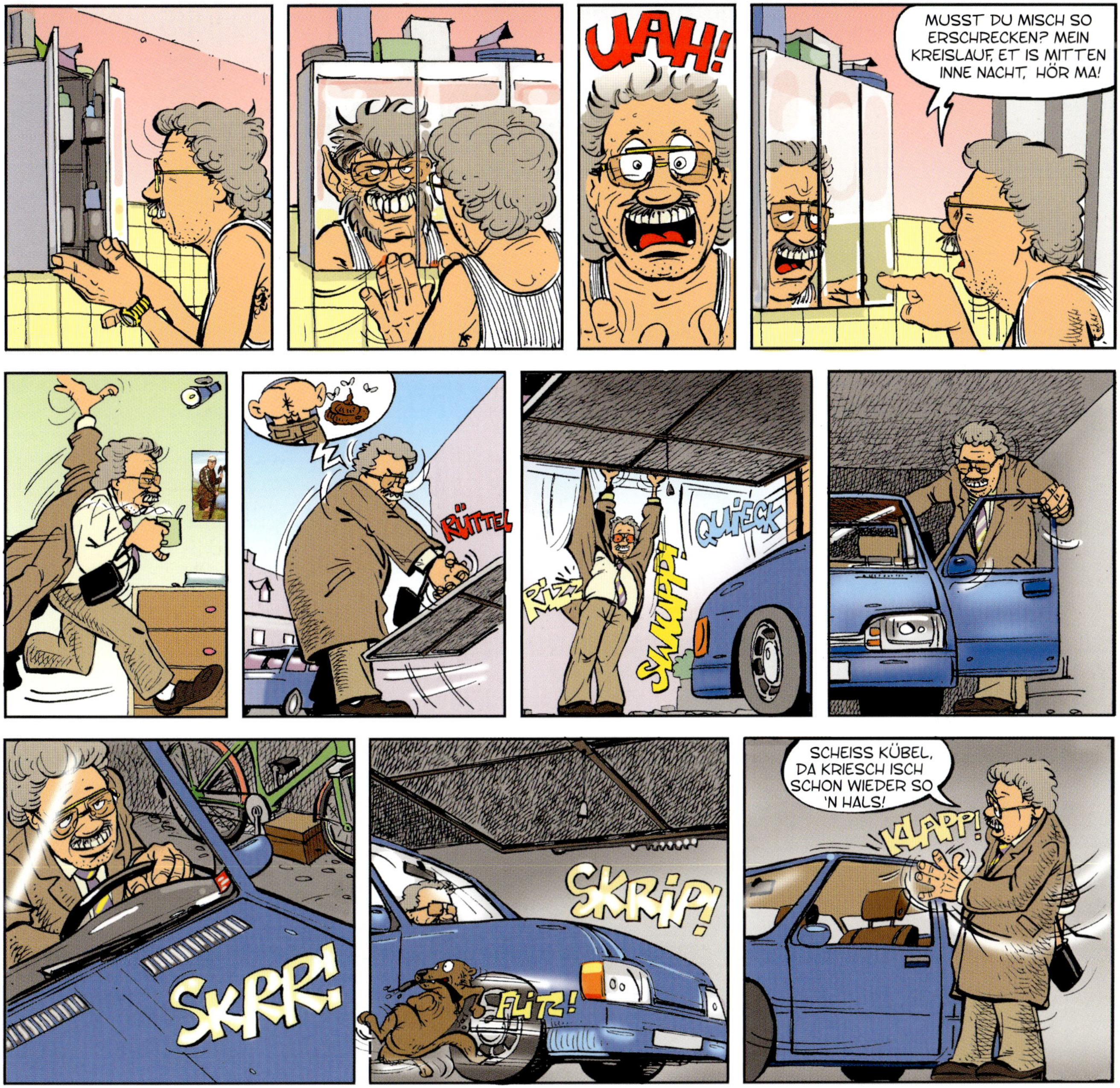
UAH!
MUSST DU MISCH SO ERSCHRECKEN? MEIN KREISLAUF, ET IS MITTEN INNE NACHT, HÖR MA!
RÜTTEL
RIZZ
SWUPP!
QUIECK
SKRR!
SKRIP!
FLITZ!
SCHEISS KÜBEL, DA KRIESCH ISCH SCHON WIEDER SO 'N HALS!
KLAPP!

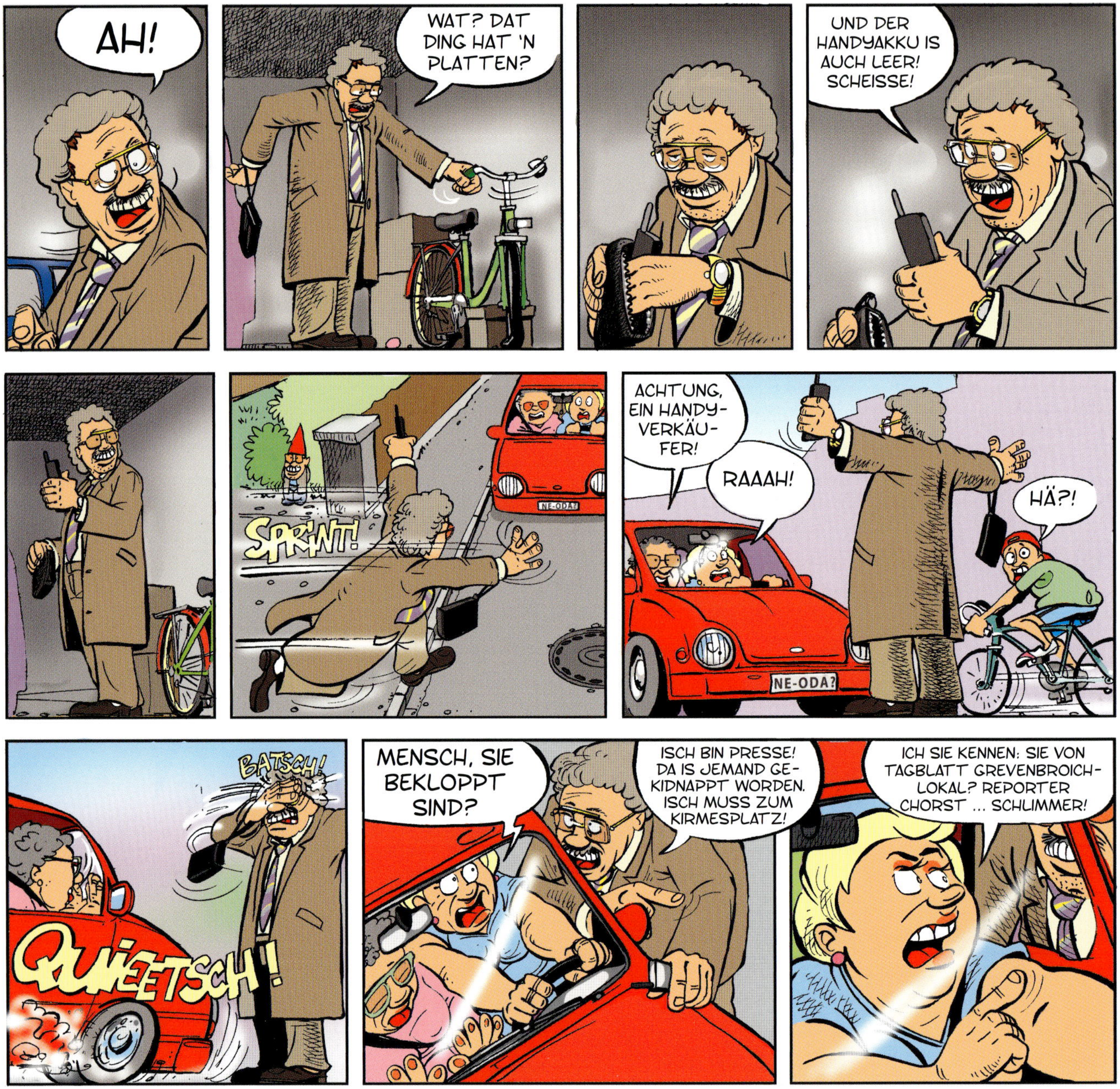
AH!
WAT? DAT DING HAT 'N PLATTEN?
UND DER HANDYAKKU IS AUCH LEER! SCHEISSE!
SPRINT!
ACHTUNG, EIN HANDY-VERKÄU-FER!
RAAAH!
HÄ?!
NE-ODA?
BATSCH!
QUIEETSCH!
MENSCH, SIE BEKLOPPT SIND?
ISCH BIN PRESSE! DA IS JEMAND GE-KIDNAPPT WORDEN. ISCH MUSS ZUM KIRMESPLATZ!
ICH SIE KENNEN: SIE VON TAGBLATT GREVENBROICH-LOKAL? REPORTER CHORST ... SCHLIMMER!

NEE, ISCH BIN KEIN SCHLIMMER! ISCH BIN HORST SCHLÄMMER, STELLVERTRETENDER CHEFREDAKTEUR!
EINSTEIGEN SIE, BITTE! BAJA-LUSTA!
ACH? HINTEN?
KLAPP!
HALLO, JUNGE, DAT IS 'N NOTFALL! NIMM MISCH MIT, ISCH MUSS ZUR KIRMES! ISCH BIN PRESSE!
IIEK
MAMA!
FAHR MISCH ZUM KIRMES-PLATZ, KOMM! ISCH GEB DIR AUCH DIE HANDYNUMMER VONNE HEIDI!

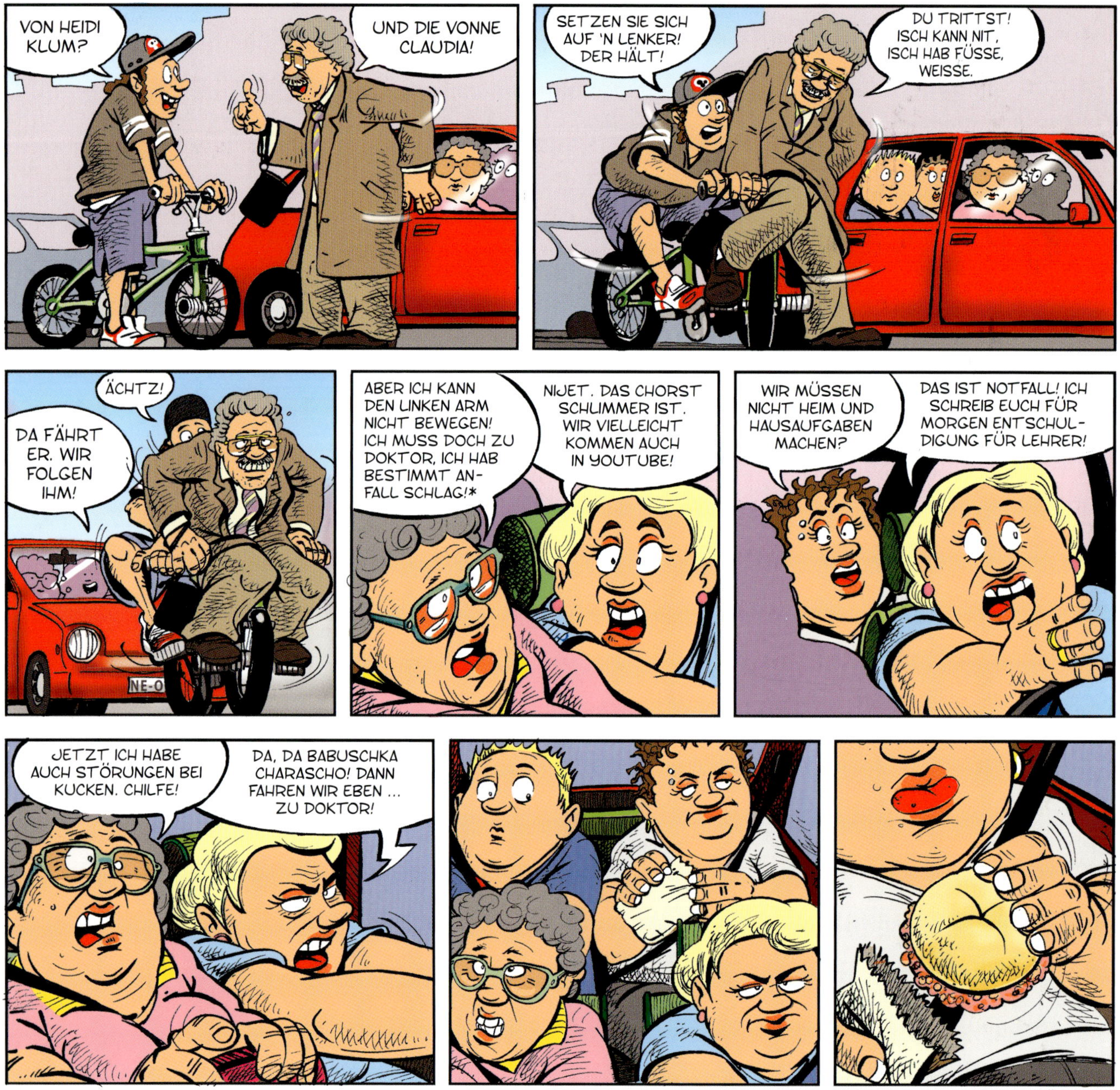

*OMA, TOCHTER UND ENKEL KOMMEN AUS DEM SCHÖNEN KIEW.

IM FINSTEREN MITTELALTER ...
GRRR! GENAU AUF DIE NEUEN STIEFEL.
DAS WIRD FETT-FLECKEN GEBEN, MEISTER!
HUMPFL!
DIES IST DIE AXT, DIE MIR DER FÜRST GESCHENKT, GESCHMIEDET AUS ENGLISCHEM STAHL. HIER STEHT DES SCHMIEDS NAME!
PAPA! HUHU!
SIEH ALBRECHT, HIER. WIEVIELE BUCHSTABEN STEHEN DA AUF DEM BEIL, HM?
K, A, P, L, U ...?
SIEBEN?!
LARRY DOTTER
MADE IN UK
ALBRECHT, GEH, HALT IHN FEST! EIN WETTER ZIEHT AUF, MACHEN WIR DEM HIER ENDLICH DEN GARAUS!
GRWUMML!

SO FAHR ER ENDLICH FORT, MEISTER WALTHER, DER FÜRST HAT RÜCKEN!
... ALSO IST DER UNSEELIGE JOHANN HACKEPETER JENER TAT BEKLAGT, VON DER ER SICH HAT NIT FREISPRECHEN KÖNNEN! ALSO ...
ICH HAB NIX ZU TUN MIT DER SACH! MEI METT WAR IMMER BESTES FLEISCH!
ZUCK!
SCHWEIG ER! DAS METT FÜR DEN FÜRSTEN WAR EIN GIFTGES FLEISCHBRÄT, DAS DES FÜRSTEN TOD HÄTT BEDEUTEN KÖNNEN.
KLINK
ICH WARS NICHT! ICH BIN EIN GUTER METZGER, EIN MEISTER MEINER ZUNFT!
MEISTER WALTHER, EIL ER SICH, DEN HUNDSFOTT ZU ENTLEIBEN!
DEIN METT WAR GIFT! BESTES GIFT VOM PILZ! DA HATS NIT VIEL GEBRAUCHT DAVON!
DU HAST MEIN METT VERGIFT?
DEIN KONKURRENT, DER BRAVE MEISTER BETZ, HAT MICH GUT ENTLOHNT DAFÜR!

WAS? NEIN!
HERR, DER HENKER VERSTEHTS, SICH UND SEIN HANDWERK ... INS SPIEL ZU SETZEN.
BATSCH!
ZUCK!
SO EIL ER SICH JETZT, ICH HAB RÜCKEN, WIE ER WEISS!
BATSCH!
WUFF!
BLITZ
COLA, BIER, PREPAID-KARTEN!
GRAWOMM!
ZUCK!
HILFE!
NAAAAIN!
WROMM!

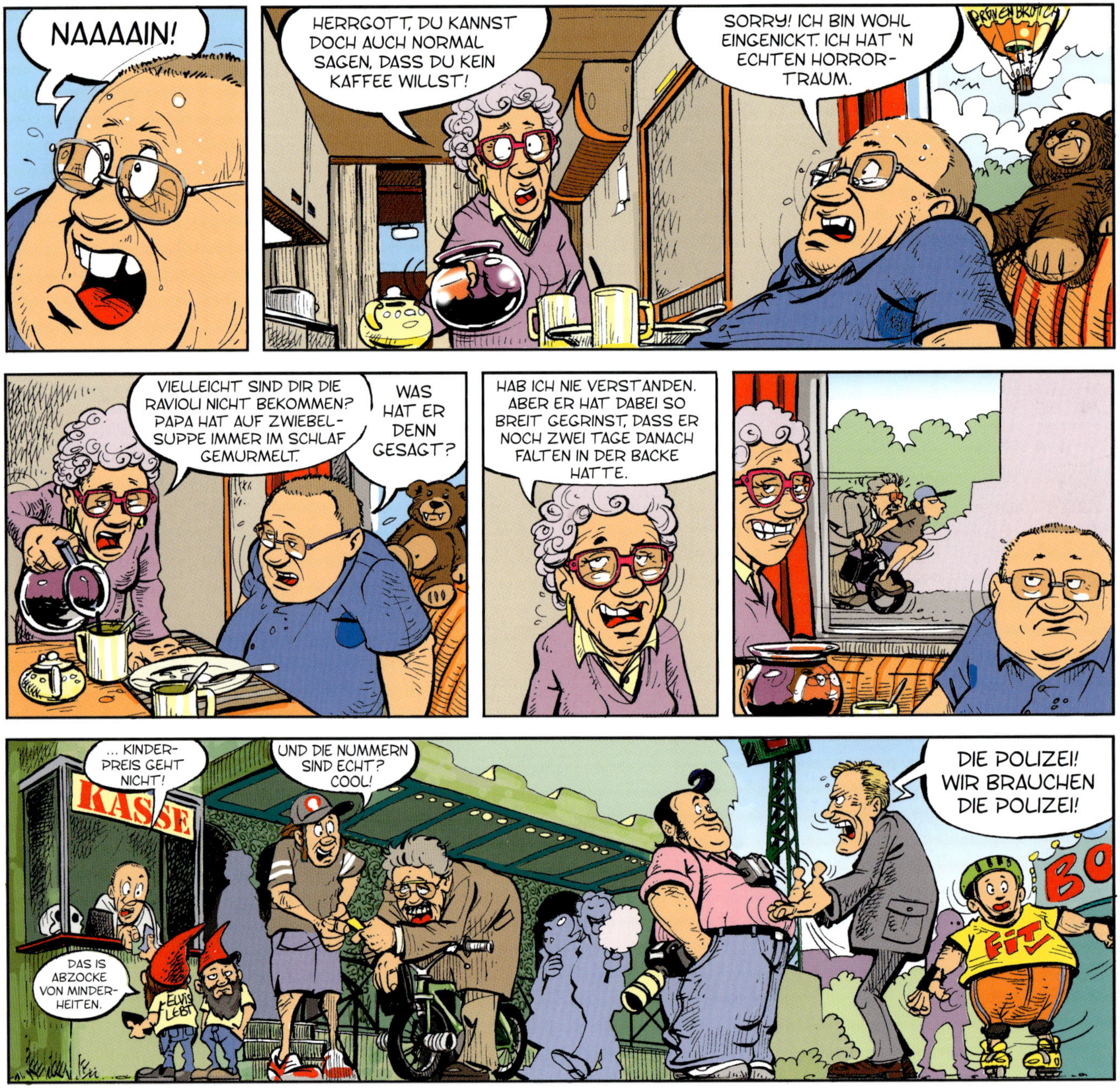
NAAAAIN!
HERRGOTT, DU KANNST DOCH AUCH NORMAL SAGEN, DASS DU KEIN KAFFEE WILLST!
SORRY! ICH BIN WOHL EINGENICKT. ICH HAT 'N ECHTEN HORROR-TRAUM.
VIELLEICHT SIND DIR DIE RAVIOLI NICHT BEKOMMEN? PAPA HAT AUF ZWIEBEL-SUPPE IMMER IM SCHLAF GEMURMELT.
WAS HAT ER DENN GESAGT?
HAB ICH NIE VERSTANDEN. ABER ER HAT DABEI SO BREIT GEGRINST, DASS ER NOCH ZWEI TAGE DANACH FALTEN IN DER BACKE HATTE.
... KINDER-PREIS GEHT NICHT!
KASSE
DAS IS ABZOCKE VON MINDER-HEITEN.
ELVIS LEBT
UND DIE NUMMERN SIND ECHT? COOL!
DIE POLIZEI! WIR BRAUCHEN DIE POLIZEI!
FIT

BERUHIGEN SIE SICH! IHRE FREUNDIN IST BESTIMMT GLEICH WIEDER DA.
TACH HERR KLÜNGEL, HORST SCHLÄMMER, GREVENBROICHER TAGBLATT. WAS IS DENN PASSIERT?
RAINER, KOMM, HOL MA DOORNKAAT. ISCH HAB SCHON WIEDER KREISLAUF, WEISSTE.
SO 'NE ROTE SAU HAT UNS IN DER GEISTERBAHN ANGEGRIFFEN UND MEINE FREUNDIN AUS 'M WAGEN GEZOGEN! DAS WAR IRGENDEIN SCHEISS SOZI!
EIN SOZI?
DER HATTE 'NE ROTE MÜTZE AUF.
DIE HABEN GARTENZWERGE IN DER GEISTERBAHN? ISCH FIND DIE FIGÜRSCHEN JETZT NISCH GERADE GRUSELISCH!
DAS WAR EIN HENKER, MIT 'NER KU-KUX-KLAN MÜTZE, NUR IN ROT!
WIE IS ET DENN PASSIERT?
GNITZ
GNITZ
DER SOZI SCHLÄGT MIT 'M BEIL NACH MIR, ICH DUCK MICH WEG UND ER REISST MIR DIE TINA AUS 'M WAGEN!
JETZT MACHEN SE SISCH MAL NIT VERRÜCKT, HERR KLÜNGEL, WIR WERDEN ...
... JETZT ERSTMA ... PROSIT!
GLUCK! GLUCK!
TACH HERR SCHLÄMMER! WAS IST DENN PASSIERT? SCHILDERN SIE DOCH MAL ...
ZUCK
HALLO? HIER STEHT DAS OPFER!

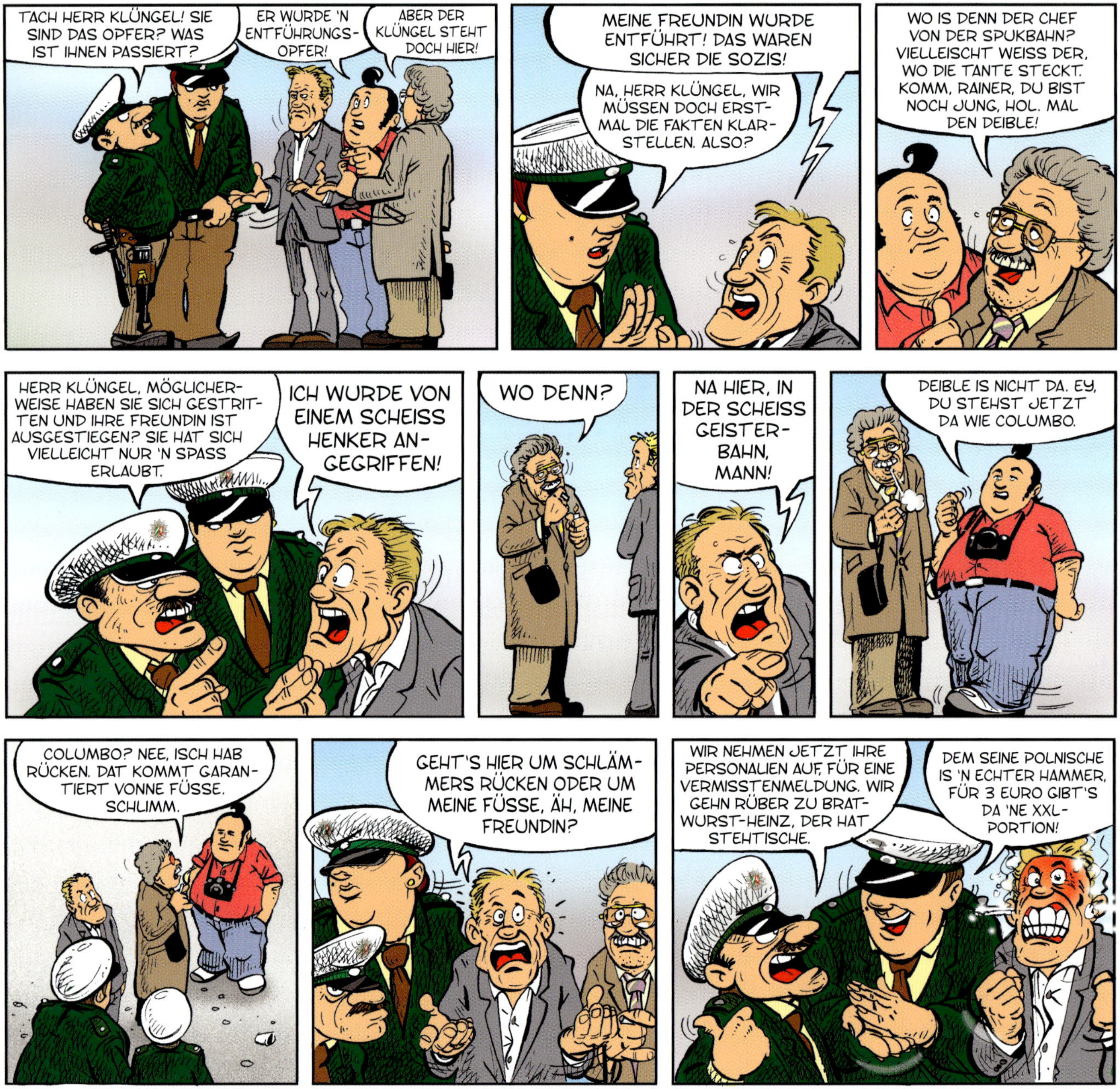
TACH HERR KLÜNGEL! SIE SIND DAS OPFER? WAS IST IHNEN PASSIERT?
ER WURDE 'N ENTFÜHRUNGS-OPFER!
ABER DER KLÜNGEL STEHT DOCH HIER!
MEINE FREUNDIN WURDE ENTFÜHRT! DAS WAREN SICHER DIE SOZIS!
NA, HERR KLÜNGEL, WIR MÜSSEN DOCH ERST-MAL DIE FAKTEN KLAR-STELLEN. ALSO?
WO IS DENN DER CHEF VON DER SPUKBAHN? VIELLEISCHT WEISS DER, WO DIE TANTE STECKT. KOMM, RAINER, DU BIST NOCH JUNG, HOL. MAL DEN DEIBLE!
HERR KLÜNGEL, MÖGLICHER-WEISE HABEN SIE SICH GESTRIT-TEN UND IHRE FREUNDIN IST AUSGESTIEGEN? SIE HAT SICH VIELLEICHT NUR 'N SPASS ERLAUBT.
ICH WURDE VON EINEM SCHEISS HENKER AN-GEGRIFFEN!
WO DENN?
NA HIER, IN DER SCHEISS GEISTER-BAHN, MANN!
DEIBLE IS NICHT DA. EY, DU STEHST JETZT DA WIE COLUMBO.
COLUMBO? NEE, ISCH HAB RÜCKEN. DAT KOMMT GARAN-TIERT VONNE FÜSSE. SCHLIMM.
GEHT'S HIER UM SCHLÄM-MERS RÜCKEN ODER UM MEINE FÜSSE, ÄH, MEINE FREUNDIN?
WIR NEHMEN JETZT IHRE PERSONALIEN AUF, FÜR EINE VERMISSTENMELDUNG. WIR GEHN RÜBER ZU BRAT-WURST-HEINZ, DER HAT STEHTISCHE.
DEM SEINE POLNISCHE IS 'N ECHTER HAMMER, FÜR 3 EURO GIBT'S DA 'NE XXL-PORTION!

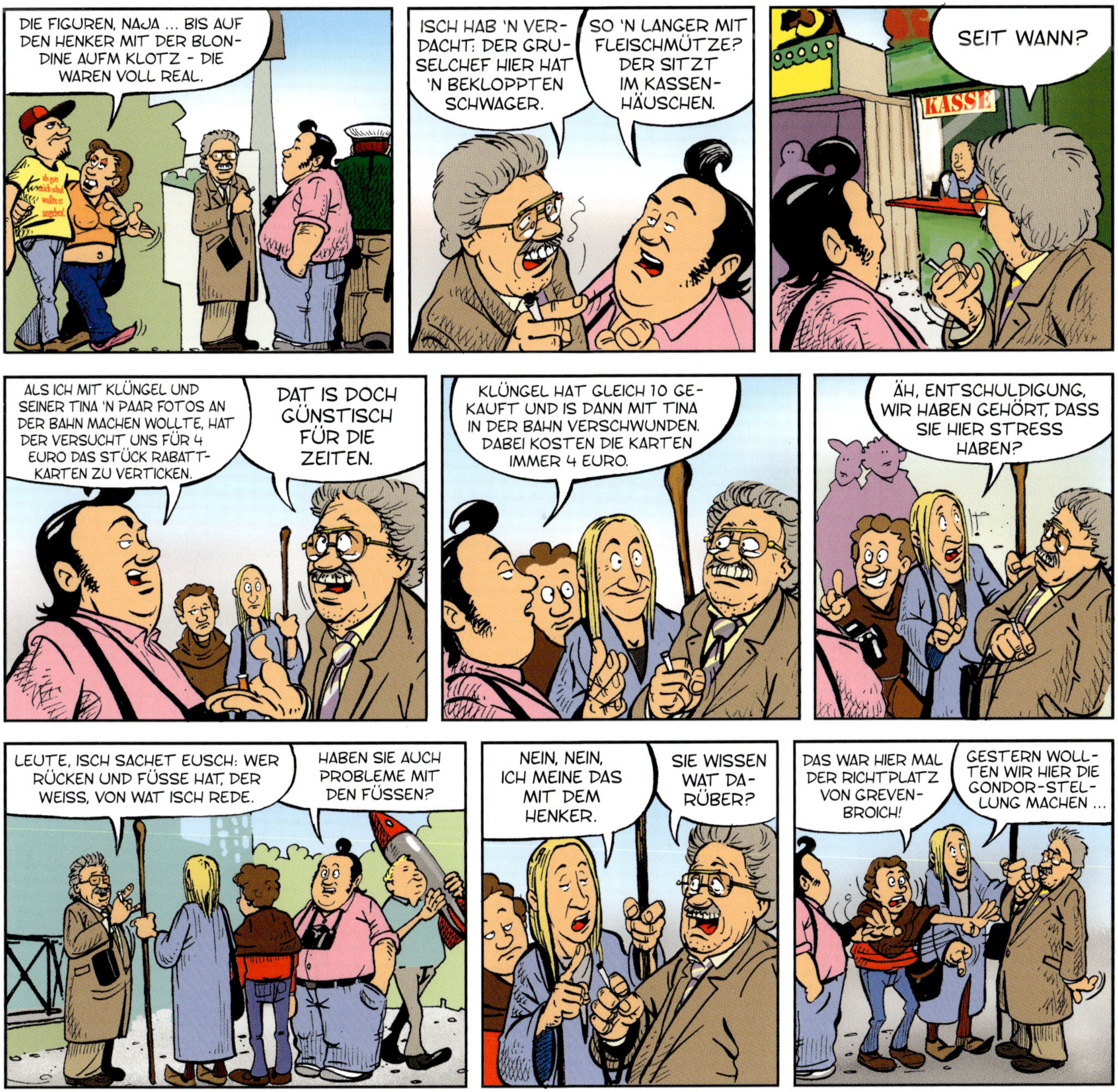

DIE FIGUREN, NAJA ... BIS AUF DEN HENKER MIT DER BLON-DINE AUFM KLOTZ - DIE WAREN VOLL REAL.
ISCH HAB 'N VER-DACHT: DER GRU-SELCHEF HIER HAT 'N BEKLOPPTEN SCHWAGER.
SO 'N LANGER MIT FLEISCHMÜTZE? DER SITZT IM KASSEN-HÄUSCHEN.
KASSE
SEIT WANN?
ALS ICH MIT KLÜNGEL UND SEINER TINA 'N PAAR FOTOS AN DER BAHN MACHEN WOLLTE, HAT DER VERSUCHT, UNS FÜR 4 EURO DAS STÜCK RABATT-KARTEN ZU VERTICKEN.
DAT IS DOCH GÜNSTISCH FÜR DIE ZEITEN.
KLÜNGEL HAT GLEICH 10 GE-KAUFT UND IS DANN MIT TINA IN DER BAHN VERSCHWUNDEN. DABEI KOSTEN DIE KARTEN IMMER 4 EURO.
ÄH, ENTSCHULDIGUNG, WIR HABEN GEHÖRT, DASS SIE HIER STRESS HABEN?
LEUTE, ISCH SACHET EUSCH: WER RÜCKEN UND FÜSSE HAT, DER WEISS, VON WAT ISCH REDE.
HABEN SIE AUCH PROBLEME MIT DEN FÜSSEN?
NEIN, NEIN, ICH MEINE DAS MIT DEM HENKER.
SIE WISSEN WAT DA-RÜBER?
DAS WAR HIER MAL DER RICHTPLATZ VON GREVEN-BROICH!
GESTERN WOLL-TEN WIR HIER DIE GONDOR-STEL-LUNG MACHEN ...

SO GENAU WOLLTEN WIR DAT NISCH WISSEN, WAT IHR JUNGEN LEUTE HIER SO ALLET TREIBT, ABER ISCH SACH JA: SIND DIE ZÄHNE ERST MA RAUS, HAT DIE ZUNGE FREIES SPIEL!
DER MEINT, WIR HÄTTEN BEI UNSEREM TREFFEN SAUEREIEN GEMACHT UND SO.
AH!
ECHT?
GUIDO HAT SICH SAUTEURE LEDERSTIEFEL MIT METTWURST VERSAUT! DIE FLECKEN SIND NICHT MEHR RAUSGEGANGEN!
ICH HAB 'N ZAUBERSPRUCH GELESEN, MEIN STAB HAT GEBLITZT UND - BÄNG! - HAT DIE GEISTERBAHN GEWACKELT!
SO 'NE BAHN IS ABER AUCH GEFÄHRLISCH. ISCH SACH EUSCH AUCH WARUM ...
NEIN, ICH MEINTE, ES KANN GUT SEIN, DASS MEIN SPRUCH 'N ECHTEN ZAUBER BEWIRKT HAT!
LEUTE, HÖR MA: HABT IHR WAT GETRUNKEN?
ICH KENN DIE STORY VOM VOLKSFESTPLATZ HIER, DIE MIT DEM HENKER!
GENAU, DER HENKER VON GEVENBROICH! DER SOLL HIER ANGEBLICH BEGRABEN SEIN!
ICH DACHTE ZUERST, TOLL, EIN HENKER MIT PAPPBEIL, ABER DANN SCHLÄGT DER SOZI DAMIT NACH MEINEM ... HALS!
ABER ER HAT SIE NISCHT GETROFFEN?
WÜRD ICH SONST HIER RUMSTEHEN?
ABER DIE TINA HAT ER MIR AUS DEM WAGEN GERISSEN.
DEIN SPRUCH HAT GEWIRKT!
VON WEGEN, POLNISCHES KOCHBUCH. ICH HAB'S DOCH GESAGT!
DER ALTE PAPST WAR JA POLE. ISCH MEIN, DER HAT DIE FETTE POLNISCHE KÜSCHE GAR NISCH VERTRAGEN.

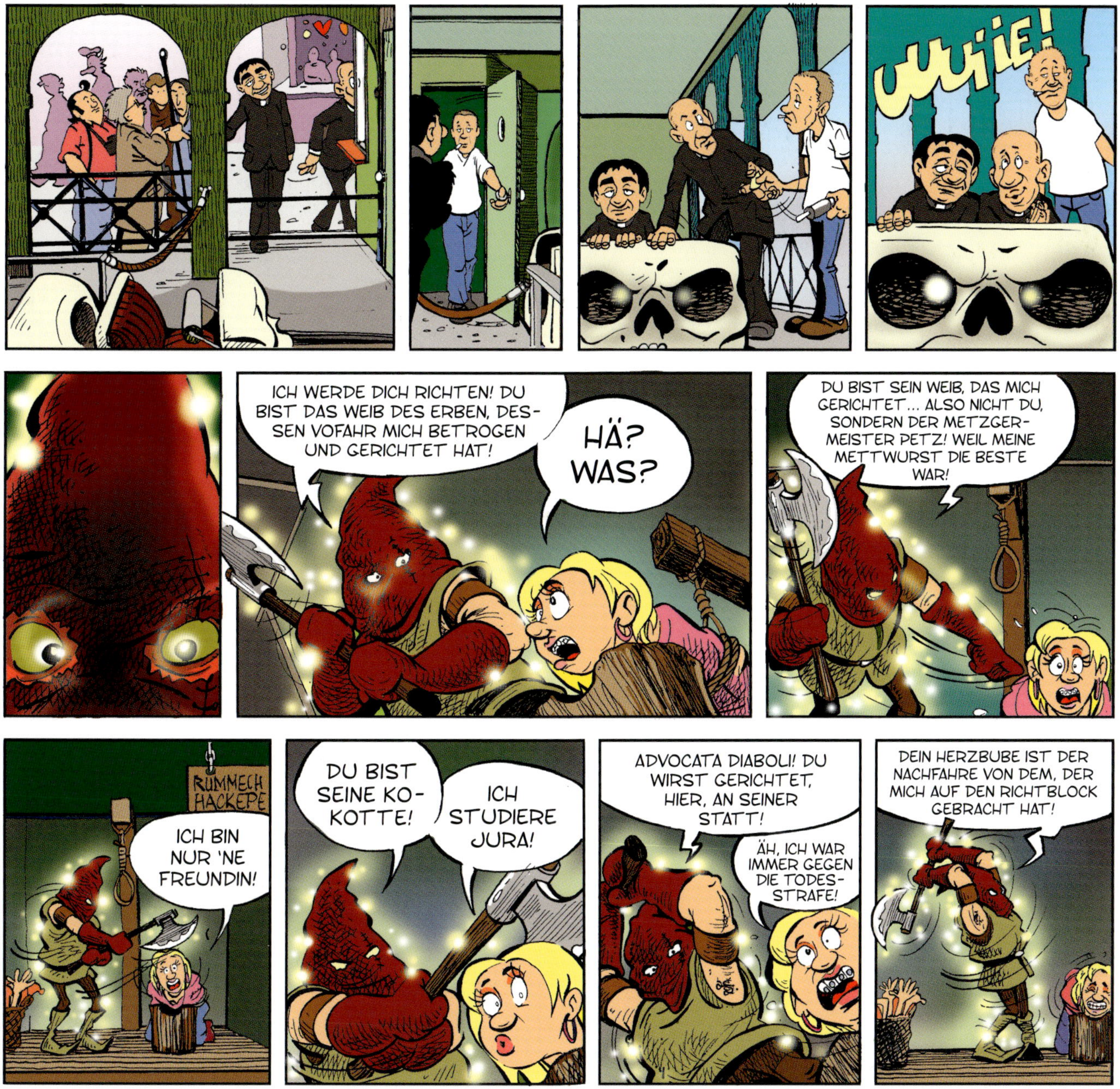
UUUiE!
ICH WERDE DICH RICHTEN! DU BIST DAS WEIB DES ERBEN, DESSEN VOFAHR MICH BETROGEN UND GERICHTET HAT!
HÄ? WAS?
DU BIST SEIN WEIB, DAS MICH GERICHTET… ALSO NICHT DU, SONDERN DER METZGERMEISTER PETZ! WEIL MEINE METTWURST DIE BESTE WAR!
RUMMECH HACKEPE
ICH BIN NUR 'NE FREUNDIN!
DU BIST SEINE KOKOTTE!
ICH STUDIERE JURA!
ADVOCATA DIABOLI! DU WIRST GERICHTET, HIER, AN SEINER STATT!
ÄH, ICH WAR IMMER GEGEN DIE TODESSTRAFE!
DEIN HERZBUBE IST DER NACHFAHRE VON DEM, DER MICH AUF DEN RICHTBLOCK GEBRACHT HAT!

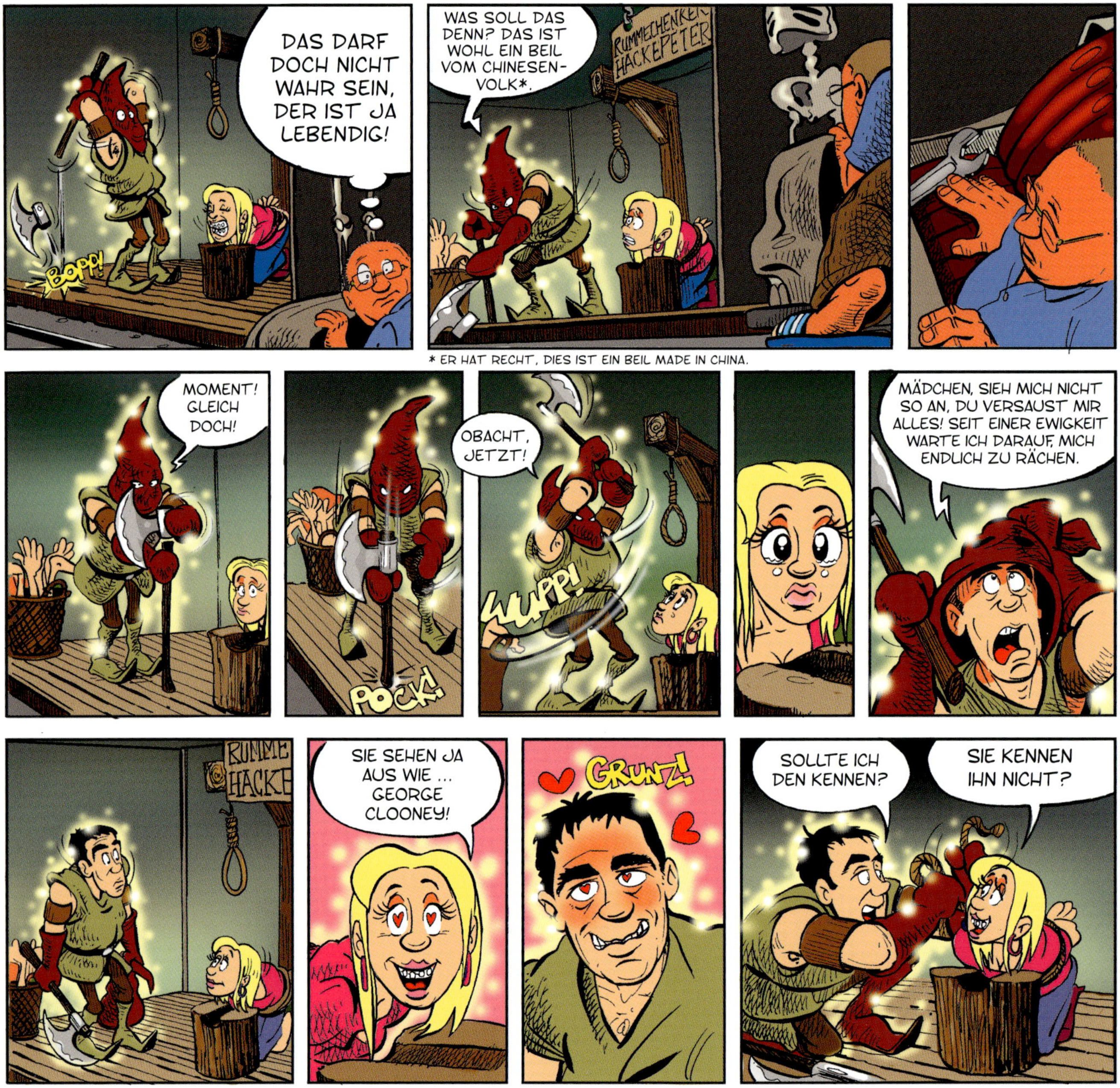
DAS DARF DOCH NICHT WAHR SEIN, DER IST JA LEBENDIG!
BOPP!
WAS SOLL DAS DENN? DAS IST WOHL EIN BEIL VOM CHINESEN-VOLK*.
RUMMELHENKER HACKEPETER
* ER HAT RECHT, DIES IST EIN BEIL MADE IN CHINA.
MOMENT! GLEICH DOCH!
POCK!
OBACHT, JETZT!
WUPP!
MÄDCHEN, SIEH MICH NICHT SO AN, DU VERSAUST MIR ALLES! SEIT EINER EWIGKEIT WARTE ICH DARAUF, MICH ENDLICH ZU RÄCHEN.
SIE SEHEN JA AUS WIE ... GEORGE CLOONEY!
GRUNZ!
SOLLTE ICH DEN KENNEN?
SIE KENNEN IHN NICHT?

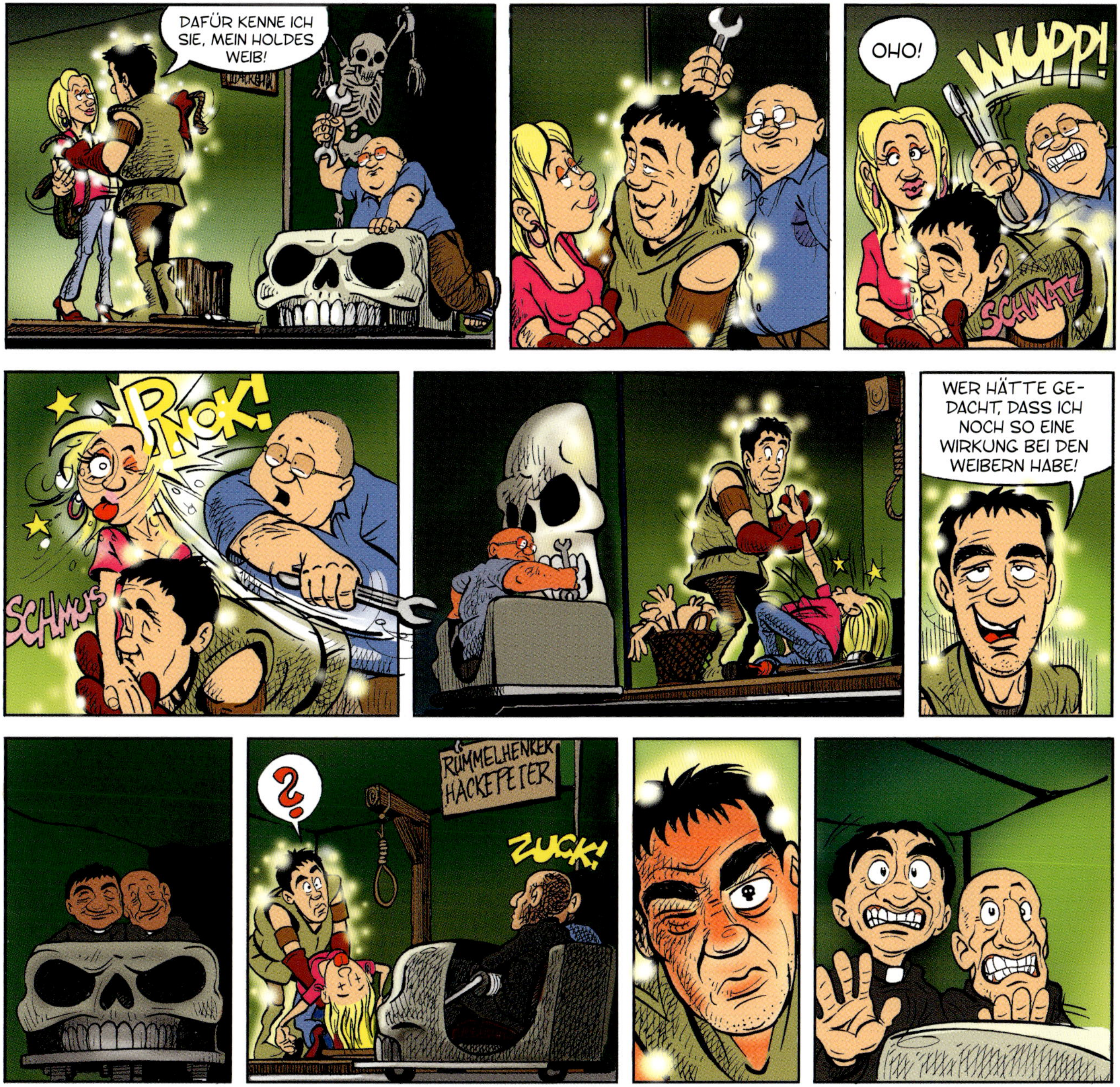

DAFÜR KENNE ICH SIE, MEIN HOLDES WEIB!
OHO!
WUPP!
SCHMATZ
PNOK!
SCHMUS
WER HÄTTE GEDACHT, DASS ICH NOCH SO EINE WIRKUNG BEI DEN WEIBERN HABE!
?
RUMMELHENKER HACKEPETER
ZUCK!

ZUCK!
!?
RUMPL
BOPP
STÜLP!
ER IST HINTER UNS HER!
DOMINUS VOBIS- CUM...
GROAR
RUPF!
SCHLITTER!
... AMEN!
RAAAAAH!
KASSE

ZUCK!
VADE RETRO, SATANAS!
UIIEE!
WEGEN DEFEKT KURZ GESCHLOSSEN!
VADE ...
... RETRO, SATANAS! EGO TE ...
ABER HERR PFARRER, DAS WAR DOCH NUR 'NE GEISTERBAHNFAHRT.
DAS IST EIN HÖLLISCHER ORT!
JOU, MANCHMAL SCHON. GESTERN HAT 'N OPA HÜHNCHEN IN DEN WAGEN GEKOTZT!
WEGEN DEFEKT KURZ GESCHLOSSEN!
IS DENN WAT KAPUTT, CHEF?
WIR KUCKEN NACH. IS EH MAU HEUTE ABEND, SCHALKE SPIELT GEGEN BAYERN!
WAS WAR DENN?
ICH HABE DEN LEIBHAFTIGEN GESEHEN, IN GESTALT DES HENKERS HAT ER SICH MEINEN MITBRUDER GEGRIFFEN!
DAS IST DER GEIST DES HENKERS!

ALSO, ISCH KENN NUR DEN KLOSTERFRAU-MELISSENGEIST.
NEIN, DAS IST DER GEIST DES HENKERS! DER ZAUBERSPRUCH HAT IHN ...
JAJA, WEISSE, ISCH KENN DIE HENKER-STORY AUCH. ABER DAT IS DOCH HIER ALLES NUR REKLAME FÜR GREVENBROISCH!
DANN GEH 'N SIE DOCH IN DIE GEISTERBAHN REIN!
ET IS JA JETZT LEIDER ZU!
JA, ABER NUR NOCH 'N MOMENT, DER DEFEKT IS GLEICH BEHOBEN.
WEGEN DEFEKT KURZ GESCHLOSSEN!
LEUTE, ISCH WERD DEN HUMBUG HIER AUFDECKEN! RAINER, HOL NOCHMA DORNKAART UND KUCK DABEI, OB DU DIE USCHI FINDEST!
WELCHE USCHI?
JA DEN HASEN VON DEM KLÜN-GELSKERL!
ACH, DU MEINST TINA!
JAAA! TINA HEISST DIE FREUNDIN VOM HERRN ABGEORDNETEN KLÜN-GEL. DAT MUSST DU DOCH NOCH WISSEN!
ISCH HÄT DA NOCH-MAL GERNE KNALL-HART NACHGE-FRAGT ...
SIND SIE NICHT DER SCHREIBERLING VOM GREVENBROICHER TAGBLATT?

STELLVERTRE-TENDER CHEF-REDAKTEUR!
SIE WOLLEN DOCH AUCH MAL CHEFREDAKTEUR WERDEN, ODER?
ISCH BIN EIN FRONTMANN! FÜR 'NE GUTE STORY GEH ISCH DURSCHS FEUER!
UND DAS RIECHT NACH 'NER GUTEN STORY!
ABER ECHT!
JA GENAU! DAS IST EINE!
EINE HÖL-LISCH GUTE STORY!
LEUTE, WENN DER LADEN HIER WIEDER AUF-MACHT, DANN GEH ISCH …
… DER SACHE AUF 'N GRUND. EURE USCHI IS WAHR-SCHEINLISCH NUR … AUF 'M TOPF!
HORST, DU BLEIBST HIER, ISCH MÖSCHTE DAS NISCHT!
ZUCK!
RAINER, WIE KOMMEN DIE HIERHER? WOHER WEISS DENN DIE GIESELA …
SIE HAT MICH ANGESIMMST, WO DU DENN STECKST.
SACH MA, KERL, DU WEISST DOCH WIE GISELA IS. DAT IS HIER EIN FRONT-EINSATZ!
KEIN FRONT-EINSATZ!
SCHÄTZELEIN, ET GEHT HIER NISCH UM LEBEN UND TOD!
WOLLEN SIE VIEL-LEICHT HONIGWEIN? DAS LOCKERT DIE GLIEDER.
WAT IS DAT FÜR EINER?

EIN SÜSSER, HAT STRAMME 17 PROZENT!
HORST, ISCH MÖCHTE DAS NISCHT!
JA, DAT IS DOCH MA WAS FÜR ZUM WARMWERDEN. ISCH HAB JA GERN MA KREISLAUF, WEISSE.
GERTI, KOMM, SACH DU MA GISELA, DAT DAT HIER ZU MEINER ARBEIT ALS REDAKTEUR GEHÖRT!
GISELA, KOMM MAL KURZ! HÖR MAL, HORST …
WENN SIE DEN HENKER SEHEN, NEHMEN SIE DEN STAB …
WAT SOLL DAT DENN? ISCH BRAUCH DOCH NOCH KEIN STOCK ZUM LAUFEN!
DAS IST DER ZAUBERSTAB, DER GEBLITZT HAT UND HIER …
TER AZ GRA IDZIE O … HÄ? KLINGT POLNISCH!
… DER SPRUCH. ALS ICH DEN GELESEN HAB, HAT DER STAB GEBLITZT!
ALSO MIT SO 'NEM STOCK KÖNNT ISCH NIT …
NEHMEN SIE IHN, SICHER IST SICHER!
ISCH MUSS MIR DEN ABER AUFSCHREIBEN.
HORST, WAS MACHST DU DENN DA?
DAT IS NUR ZUR SISCHERHEIT, FÜR HIER ZUM FAHREN, SCHÄTZELEIN!
GLAUBST DU, ES WIRKT?
KEINE AHNUNG!
UND WENN NICHT?
WER HAT GEZAUBERT?
GANDALF!
WER IS DAS?

IHR MANN IST EIN HELD! DER WIRD JETZT MAL DA DRIN AUFRÄUMEN!
UND PATER CHRISTIAN BEFREIEN!
WARUM GEHEN SIE DENN NICHT SELBST REIN, IHRE FREUNDIN RETTEN?
DA REIN? DA IS 'N BEKLOPPTER MIT 'NEM BEIL DRIN!
UND DER HAT EINE RICHTIG ROTE KAPUZE AUF!
HORST, ISCH MÖSCHTE DAS NISCHT!
GISELA, DAT IS ALLES HUMBUG! DA HAT SISCH NUR EINER 'N SCHERZ ERLAUBT, ISCH GEH DER SACHE JETZT NACH, MIT RAINER!
HOLT DOCH DIE POLIZEI!
DIE WAR SCHON DA UND HAT MICH NUR AUSGELACHT!
SO LUSTIG SEHEN SIE ABER NICHT AUS.
DEIBLE UND SEIN HELFER SIND GRADE MIT 'NEM WAGEN IN DER BAHN VERSCHWUNDEN!
LOS, HINTERHER, DIE OMA HINTER DER KASSE IS ABGENICKT!
LIEBER SCHOLLI, IS SCHON GANZ SCHÖN DUNKEL. DAT KÖNNTEN WIR DOCH MORGEN FRÜH MACHEN, SO UM ELF!
UND MEINE FRAU?
IHRE FREUNDIN!
UND MEIN ... UND DER PATER?
HORST, KOMM JETZT, LASS UNS FAHRN!

BATT!
HORST! NEIN!
GLUCK! GLUCK!
NAAAIN!
KASSE
SCHNARCH!
IS ZU!
MENSCH, HAB ISCH FÜSSE, SETZ DISCH! AH, DAT SITZEN TUT GUT NACH DEM RUMSTEHN, WEISSE.
MOMENT, ICH MACH NOCH 'N FOTO, WIE DU REINFÄHRST!
TOCK!
EY, KUCK MAL, HIER!
OUIIEE!
WUPP!
BAFF!
RAINER?
SCHEISSE!

ICH KANN DEN WAGEN ABER NICHT LANG ANHALTEN!
MOMENT NOCH! DA, ER HAT DIE BLONDINE BEI SICH!
ABER IHR BEIL IS BESTIMMT GANZ STUMPF! DAS TUT DOCH WEH!
HAT SICH DEIN VORFAHR DAMALS UM MEINER GESCHERT?
ABER ICH WAR DAS DOCH NICHT!
DEIN URURURUR-GROSSVATER VERLANGTE MEINEN TOD!
WIE KANN ICH DANN SEIN URURURUR-ENKEL SEIN? WENN ER PFARRER WAR, WAR ER KEUSCH!
WAS? KEUSCH?
TU'S NICHT, VERSCHONE IHN! ER WAR ES DOCH NICHT SELBST!
MÄDCHEN, NICHT BETTELN, ICH KANN SO NICHT ARBEITEN! ICH MUSS DOCH ENDLICH MAL RACHE NEHMEN!
WARUM HABEN SIE IHREN KOPF NOCH DRAN? WENN SIE DOCH ENTHAUPTET WURDEN?

BOPP!
RAAAH!
NA WARTET, IHR BURSCHEN! EUCH MACH ICH KLEIN!
TER ... AZ NIEJSZY KOCHAC SIE NATYM-IAST?! - HICKS -

SSSWOSCH
HILFE!
ZUCK!
ZUPP!
ZUPP!
HINTER-
HÄLTIGER
BURSCHE!
NEIN,
NICHT!
PNOCK!
BOPP!
BLAM!
BLOPP!

VERDAMMTER HOLZKLOTZ! NA WARTET IHR ...
WUSCH!
BUTZ!
... TEUFEL, ICH SEH NIX! ALBERNE KAPUZE!
LOS, WEG HIER! SCHNELL!
GRRR!
GEMEINES PACK! EUCH HOL ICH MIR!
SCHIEB ER MICH AN, TÖLPEL! DAMIT ICH DIE ZWEI EINHOLEN KANN!
WAS HÄLT ER MAULAFFEN FEIL? LOS JE ...
RAUSCH
... TZÖARGH!!!
BAMM

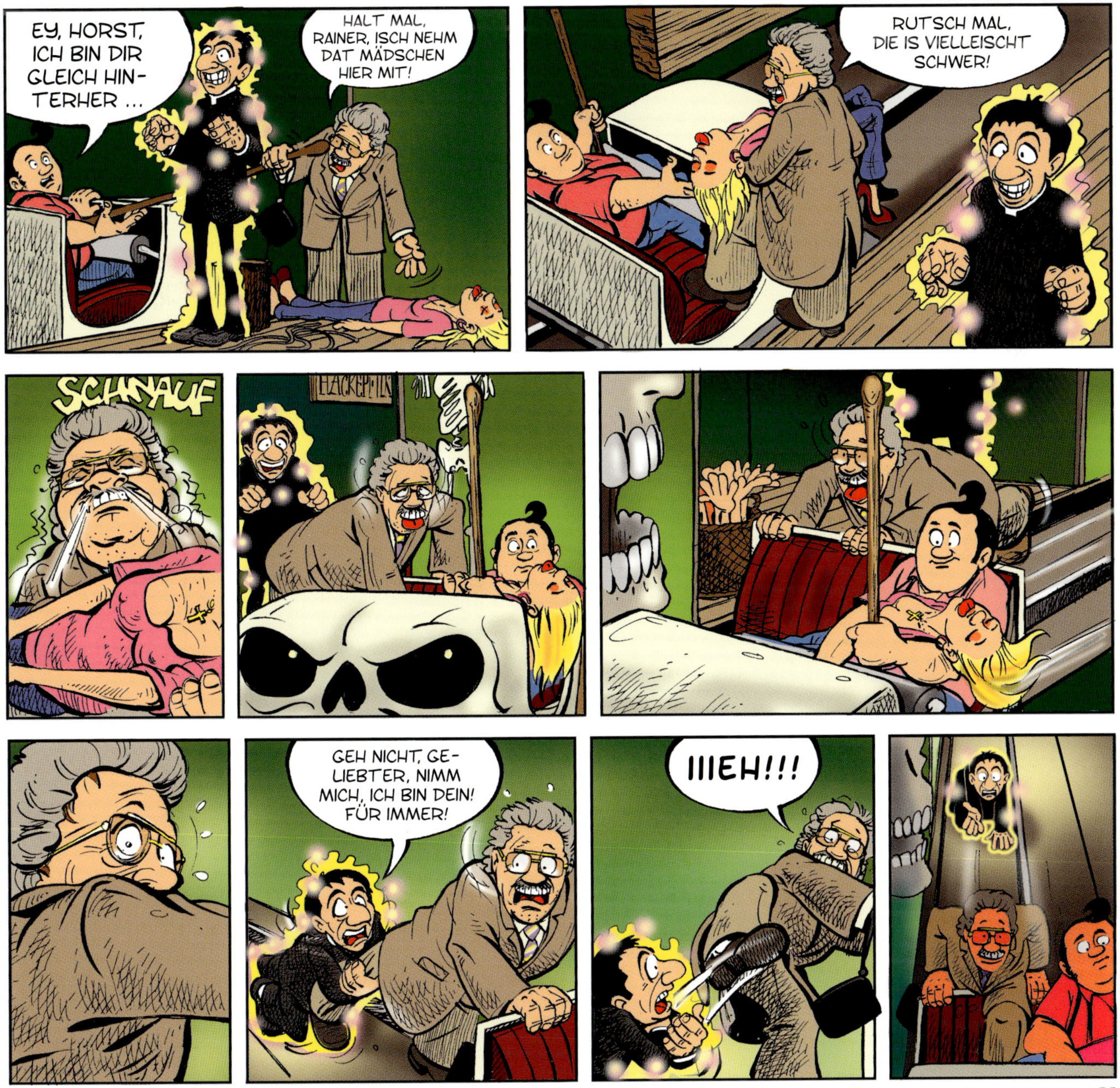
EY, HORST, ICH BIN DIR GLEICH HIN-TERHER ...
HALT MAL, RAINER, ISCH NEHM DAT MÄDSCHEN HIER MIT!
RUTSCH MAL, DIE IS VIELLEISCHT SCHWER!
SCHNAUF
GEH NICHT, GE-LIEBTER, NIMM MICH, ICH BIN DEIN! FÜR IMMER!
IIIEH!!!

KLOPF
RUMPEL
HABEN SIE HIER MEINEN SOHN GESEHEN, SO EINEN DICKEN MIT BRILLE UND SO 'N GROSSEN MIT STIRNGLATZE?
JA, DIE ZWEI SITZEN ZWEI WAGEN VORAUS. NEHMEN SIE MICH MIT?
HAT DER PAPST 'N LUSTIGEN HUT? SIE HABEN HIER NIX VERLOREN!
PUMPEL
OH DOCH, MEINE GUTE, MEIN HERZ!
DER IS HINTER UNS HER! WER IS 'N DAS?
DIESER HENKER! DAS IST, DAS IST DER ...
DU HAST BESTIMMT MIT DEINEN SCHWITZEFINGERN AN DEM SEINER ELEKTRIK RUMGE ...
NEIN! HÖR MIR DOCH ZU, DER KERL IST ...
UAAH!
UAAAH!

GRRR!!!
UAAH!
KLONK! BRZZL
BRAPP!
BOFZ!
!
BRZ!
HUA!!!
WOSCH
WAS IS DENN JETZT?
DA HAT EINER DIE WAGENSTEUERUNG KAPUTT GEMACHT!
HILFE!
DER HEINI HINTER UNS HAT DEN STEUERKASTEN ZERHACKT!
BÄH!
WAS IST DAS DENN FÜR EIN POPANZ? SOLL ICH MICH FÜRCHTEN?
BÄH!
VIELLEICHT KANN ICH SIE WACHKÜSSEN?
BÄH!
WENN ICH IHN EINGEHOLT HAB, SAG ICH IHM GRADE RAUS, DASS ICH IHN LIEBE!
SCHMATZ!

PIFF!
KASSE
iszu!
WEGEN DEFEKT KURZ GESCHLOSSEN
PAFF!
PUFF!
OUIEE!
WEGEN DEFEKT KURZ GESCHLOSSEN!
BONK!
BONK! BONK!
BONK!
OUIEE!
RUMPEL!
WEGEN DEFEKT KURZ GESCHLOSSEN!
SSSWUPP!
WOLLEN SIE GEISTERBAHN FAHRN?
NEE, DANKE, DA BRAUCH ICH MIR NUR 'NE BUNDESTAGSDEBATTE ANZUSEHEN!

* LAT.: WOHIN GEHST DU, ÜBLER SCHUFT?

** LAT. FALSCH: DIE WÜRFEL ... IST GEFALLEN!

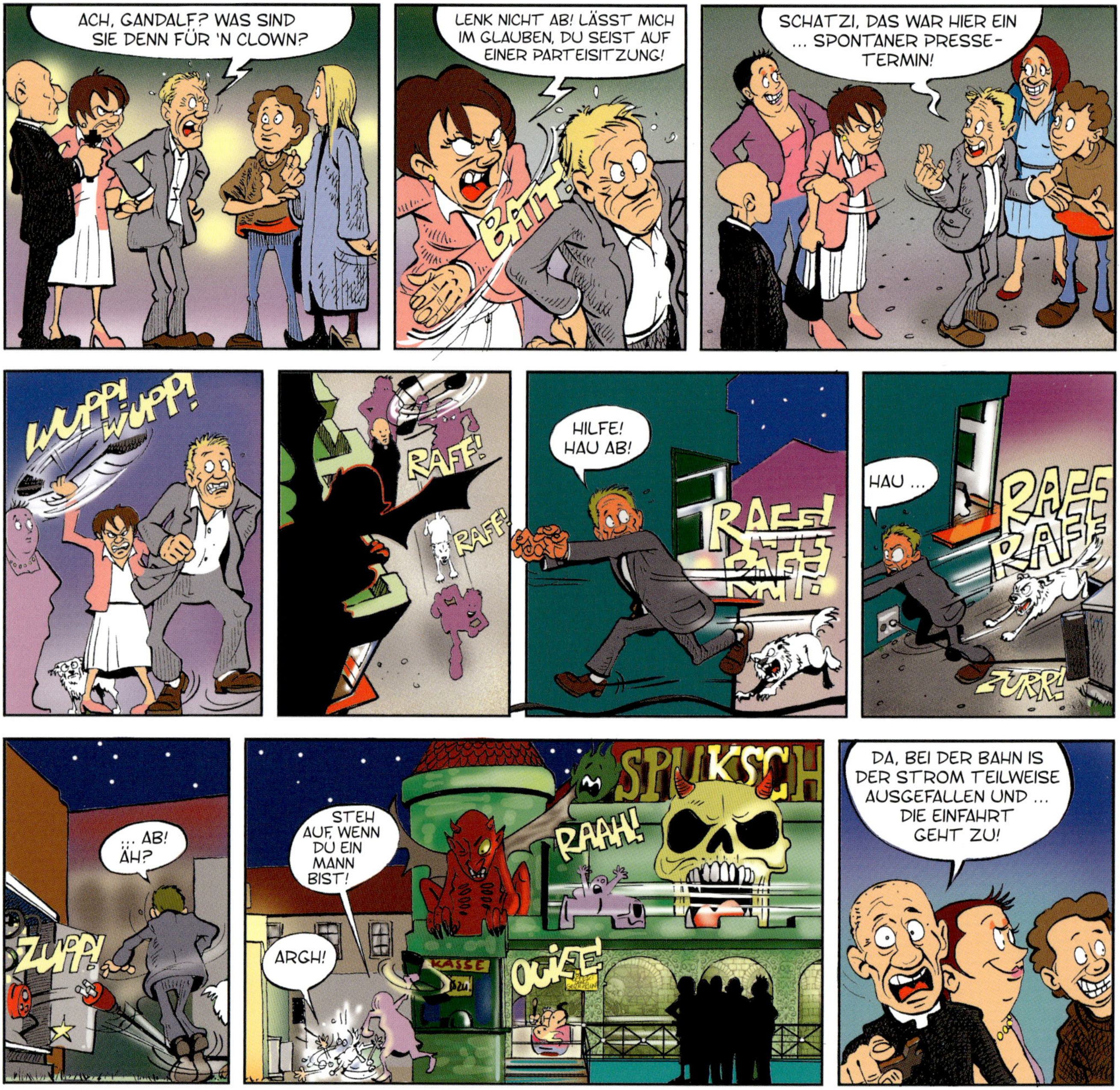
ACH, GANDALF? WAS SIND SIE DENN FÜR 'N CLOWN?
LENK NICHT AB! LÄSST MICH IM GLAUBEN, DU SEIST AUF EINER PARTEISITZUNG!
BATT!
SCHATZI, DAS WAR HIER EIN ... SPONTANER PRESSE-TERMIN!
WUPP! WUPP!
RAFF!
RAFF!
HILFE! HAU AB!
HAU ...
ZURR!
... AB! ÄH?
ZUPP!
STEH AUF, WENN DU EIN MANN BIST!
ARGH!
KASSE
RAAH!
SPUKSCH
DA, BEI DER BAHN IS DER STROM TEILWEISE AUSGEFALLEN UND ... DIE EINFAHRT GEHT ZU!

KLAPP! KLAPP!
OUIEE!
RUMPEL RUMPEL
BOMP!
KRAWANZ!
PAPP!
PLACK!
ÄCHTZ!
OUIEE!
GRRR!!! GLEICH ...
... HAB ICH EUCH!
HUPF!
BAMM!
SCHULD ODER NICHT, IHR BEIDEN WERDET ...
... JETZT DIE KÖPFE HINHALTEN!

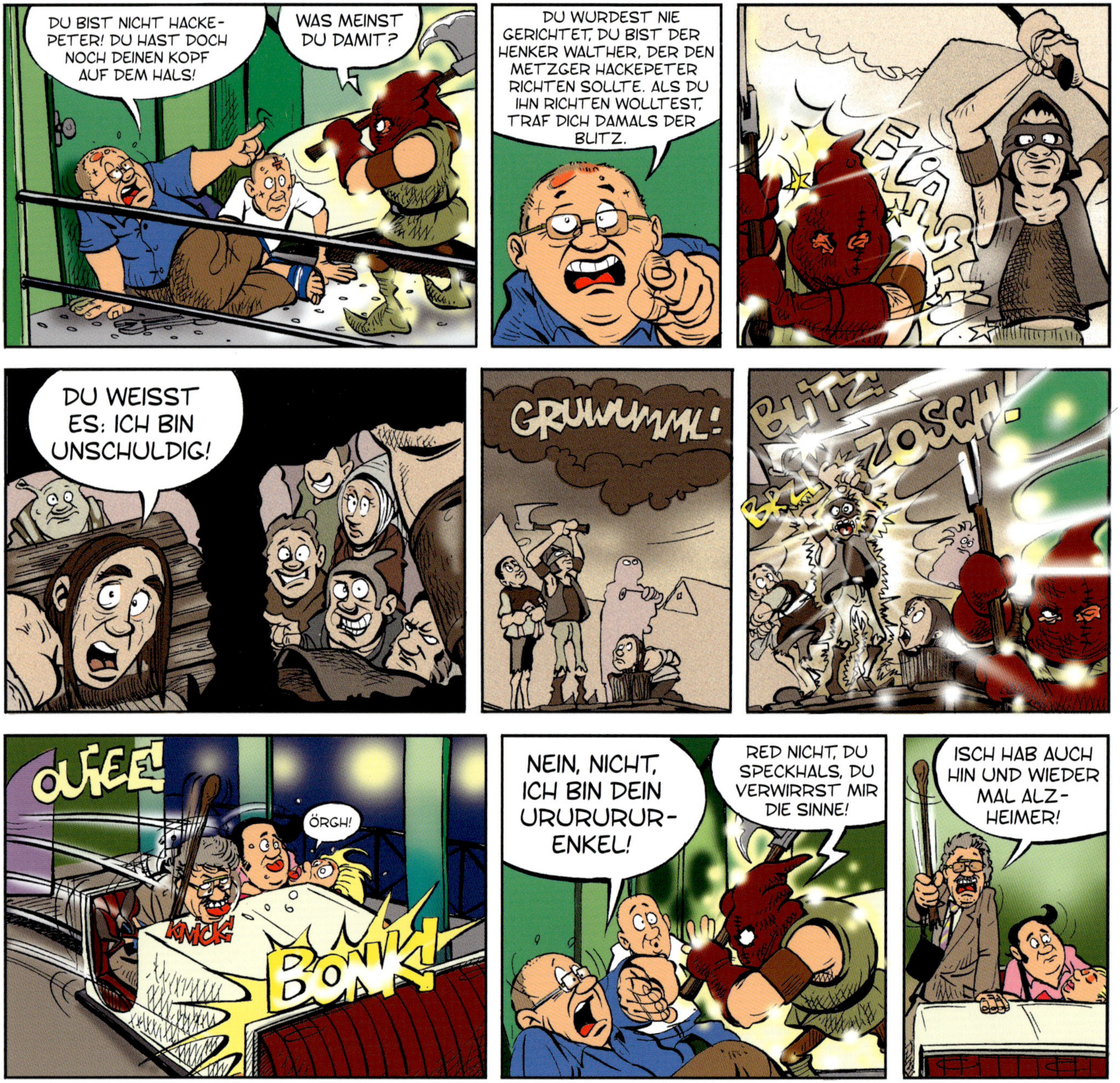
DU BIST NICHT HACKE-PETER! DU HAST DOCH NOCH DEINEN KOPF AUF DEM HALS!
WAS MEINST DU DAMIT?
DU WURDEST NIE GERICHTET, DU BIST DER HENKER WALTHER, DER DEN METZGER HACKEPETER RICHTEN SOLLTE. ALS DU IHN RICHTEN WOLLTEST, TRAF DICH DAMALS DER BLITZ.
FLASH!
DU WEISST ES: ICH BIN UNSCHULDIG!
GRUWUMML!
BLITZ!
ZOSCH!
OUEEE!
ÖRGH!
KNICK!
BONK!
NEIN, NICHT, ICH BIN DEIN URURURUR-ENKEL!
RED NICHT, DU SPECKHALS, DU VERWIRRST MIR DIE SINNE!
ISCH HAB AUCH HIN UND WIEDER MAL ALZ-HEIMER!

PAPA!
HALLO, PAPA, HIER BIN ICH!
WAS IST JETZT?
DER ZAUBER-STAB? WELCHER ZAUBER-STAB?
DER ZAU-BERSTAB!
MEINER!
DER GROSSE?
WELCHER SONST?
MAN GLAUBTE DA-MALS, DAS WAR EIN GOTTESURTEIL! DICH HAT MAN HIER BEGRABEN!
WAS?
JA JUNG, WO IS DENN DAT DING?
WELCHEN MEINST DU?
DU HAST ZWEI?
JETZT SCHON!

SCHWEIG UND STIRB, HUNDSFOTT!
BATT!
BACK!
TERAZ GRA IDZIE O NAJWYZSZA ... STAWKE!
WEGEN DEFEKT KURZ GESCHLOSSEN!
ZOPP!
ZOSCH!
SCHMATZ!
IIIEH, SIE HABEN MICH GEKÜSST! BÄH!
NEIN, SIE HATTEN ATEMNOT-STILLSTAND!

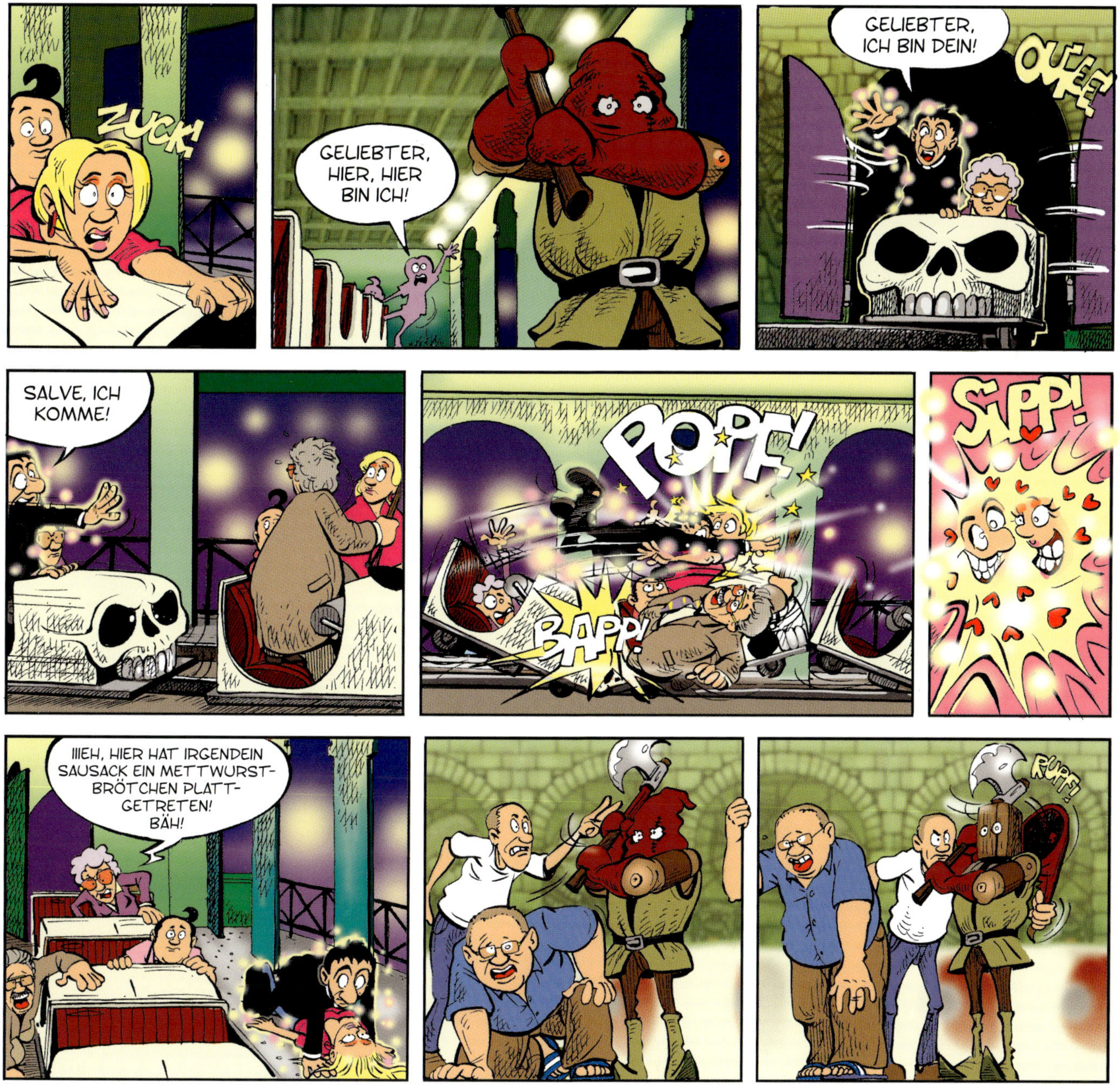
ZUCK!
GELIEBTER, HIER, HIER BIN ICH!
GELIEBTER, ICH BIN DEIN!
OUEEE!
SALVE, ICH KOMME!
POPF!
BAPP!
SIPP!
IIIEH, HIER HAT IRGENDEIN SAUSACK EIN METTWURST-BRÖTCHEN PLATT-GETRETEN! BÄH!
RUPF!

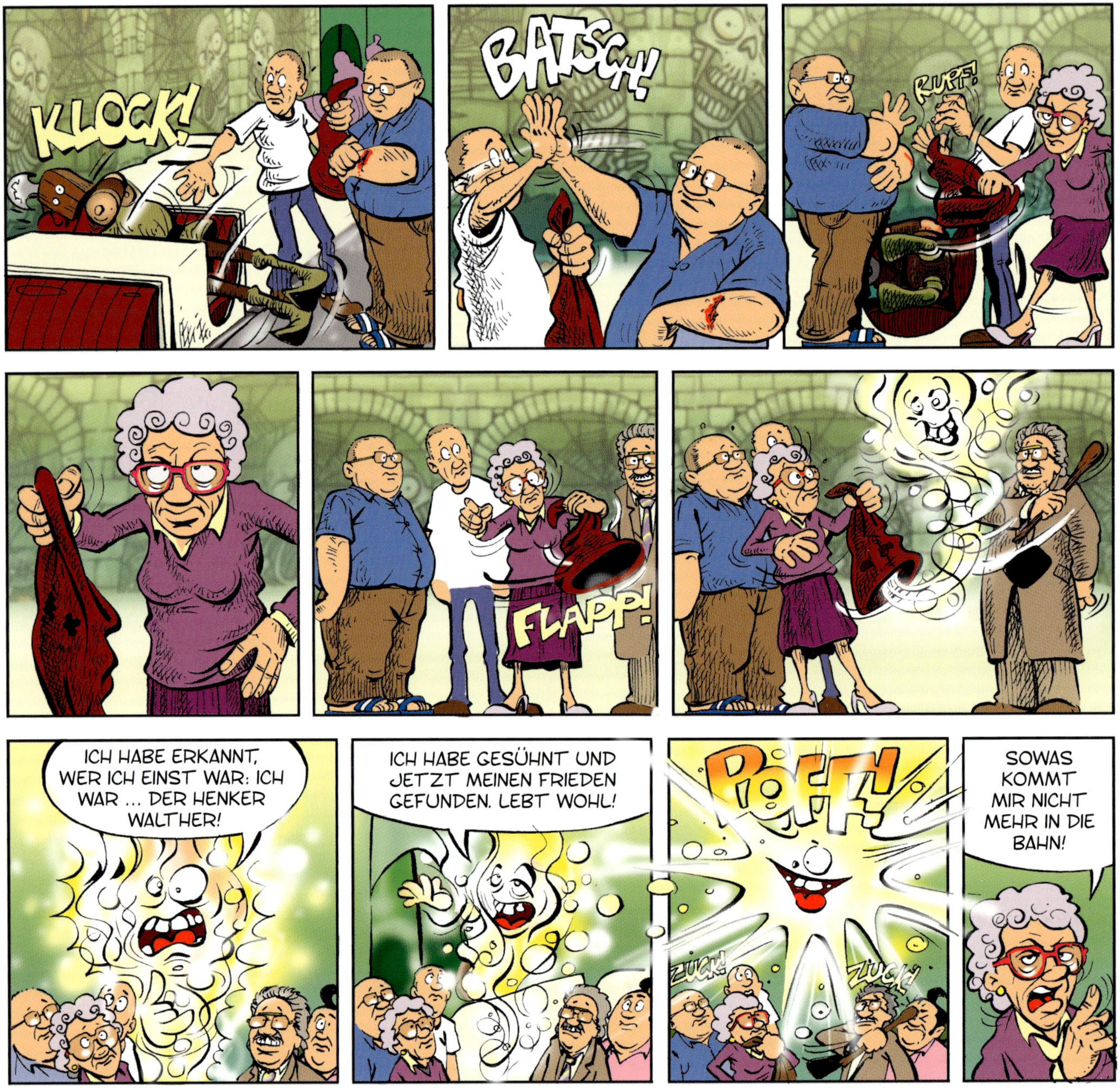
KLOCK!
BATSCH!
RUPF!
FLAPP!
ICH HABE ERKANNT, WER ICH EINST WAR: ICH WAR ... DER HENKER WALTHER!
ICH HABE GESÜHNT UND JETZT MEINEN FRIEDEN GEFUNDEN. LEBT WOHL!
POFF!
ZUCK!
ZUCK!
SOWAS KOMMT MIR NICHT MEHR IN DIE BAHN!

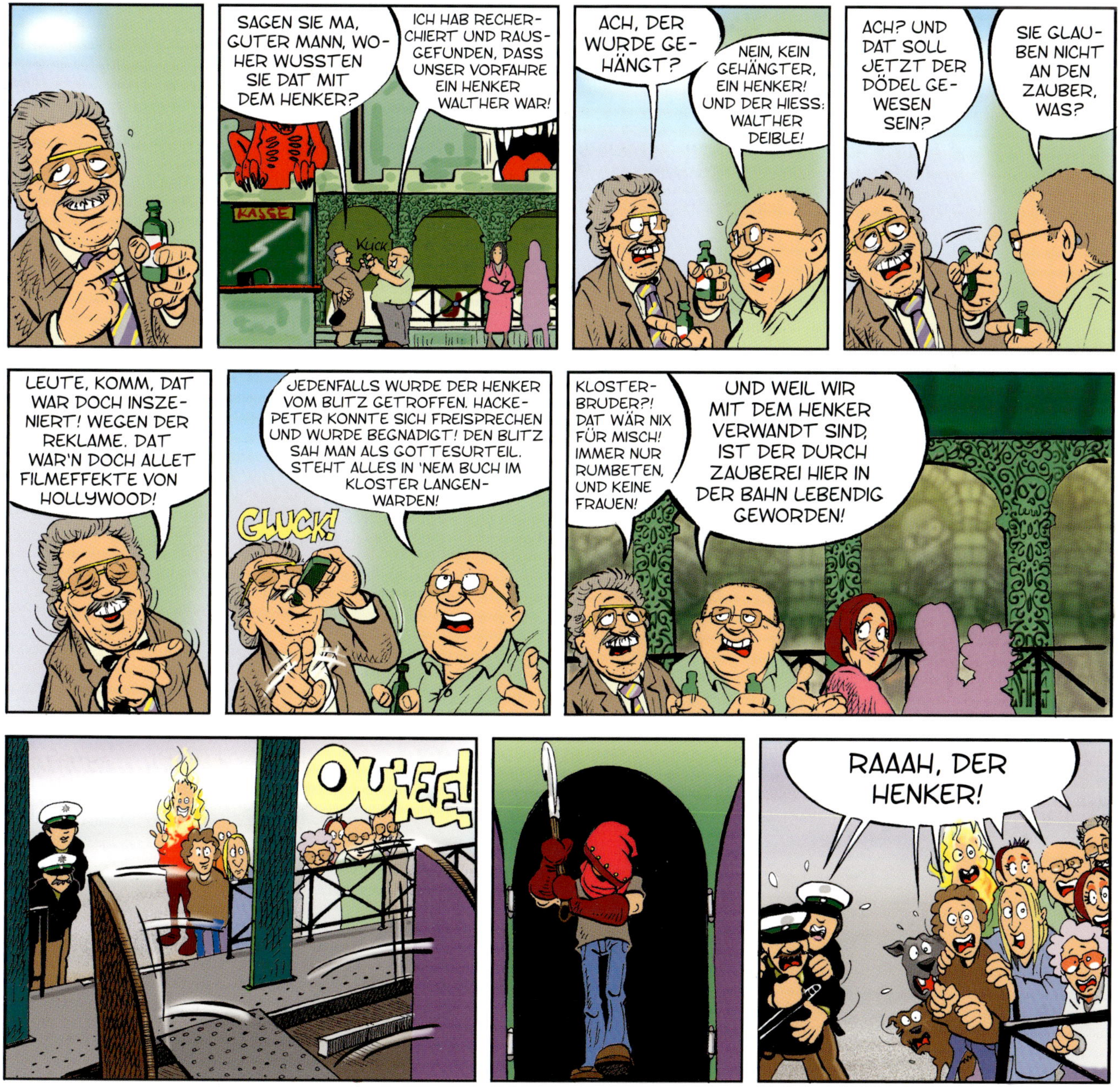
SAGEN SIE MA, GUTER MANN, WOHER WUSSTEN SIE DAT MIT DEM HENKER?
ICH HAB RECHERCHIERT UND RAUSGEFUNDEN, DASS UNSER VORFAHRE EIN HENKER WALTHER WAR!
KASSE
KLICK
ACH, DER WURDE GEHÄNGT?
NEIN, KEIN GEHÄNGTER, EIN HENKER! UND DER HIESS: WALTHER DEIBLE!
ACH? UND DAT SOLL JETZT DER DÖDEL GEWESEN SEIN?
SIE GLAUBEN NICHT AN DEN ZAUBER, WAS?
LEUTE, KOMM, DAT WAR DOCH INSZENIERT! WEGEN DER REKLAME. DAT WAR'N DOCH ALLET FILMEFFEKTE VON HOLLYWOOD!
GLUCK!
JEDENFALLS WURDE DER HENKER VOM BLITZ GETROFFEN. HACKEPETER KONNTE SICH FREISPRECHEN UND WURDE BEGNADIGT! DEN BLITZ SAH MAN ALS GOTTESURTEIL. STEHT ALLES IN 'NEM BUCH IM KLOSTER LANGENWARDEN!
KLOSTERBRUDER?! DAT WÄR NIX FÜR MISCH! IMMER NUR RUMBETEN, UND KEINE FRAUEN!
UND WEIL WIR MIT DEM HENKER VERWANDT SIND, IST DER DURCH ZAUBEREI HIER IN DER BAHN LEBENDIG GEWORDEN!
OUIEE!
RAAAH, DER HENKER!

WAS DENN? EY, ICH BIN'S, BERT!
BERT! NIMM MEINE TISCHDECKE VOM KOPF, DIE IS FRISCH GEWASCHEN!
OUTEE!
SCHWUPPS!
FLUPP!
HORST, DAS IST EIN ZEICHEN!

HABT IHR 'N SISCHEREN ZAUBERSPRUCH GEGEN ... HEIRATSWILLIGE FRAUEN?
SCHNIEF!
SICHER IST NUR EINES: DER ZAUBER DER LIEBE!
JANZ FRISCH JETRAUT
PNÖPPEL!

TAGS DRAUF, BEIM GREVENBROICHER TAGBLATT …

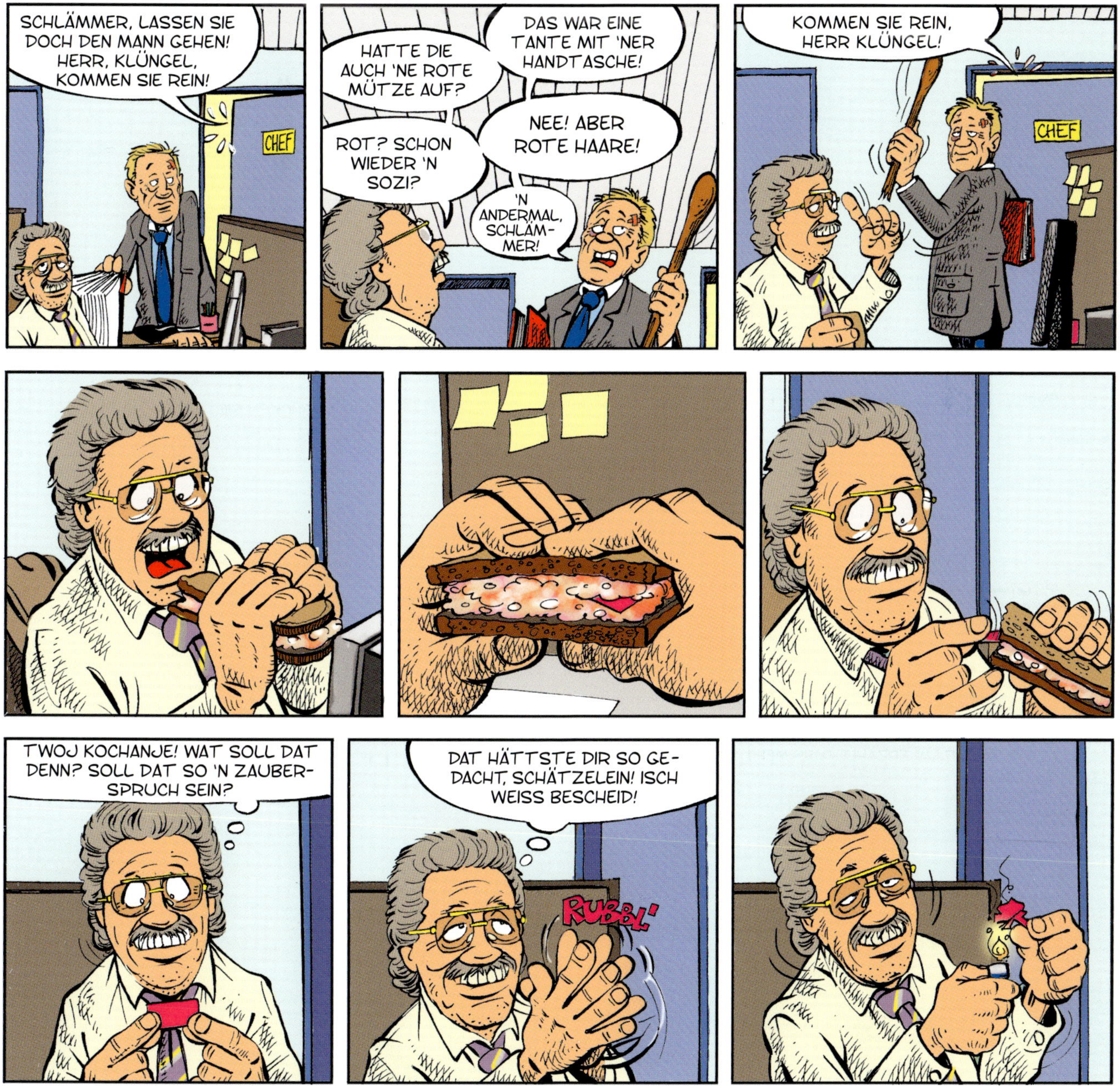
SCHLÄMMER, LASSEN SIE DOCH DEN MANN GEHEN! HERR, KLÜNGEL, KOMMEN SIE REIN!
CHEF
HATTE DIE AUCH 'NE ROTE MÜTZE AUF?
DAS WAR EINE TANTE MIT 'NER HANDTASCHE!
ROT? SCHON WIEDER 'N SOZI?
NEE! ABER ROTE HAARE!
'N ANDERMAL, SCHLÄMMER!
KOMMEN SIE REIN, HERR KLÜNGEL!
CHEF
TWOJ KOCHANJE! WAT SOLL DAT DENN? SOLL DAT SO 'N ZAUBERSPRUCH SEIN?
DAT HÄTTSTE DIR SO GEDACHT, SCHÄTZELEIN! ISCH WEISS BESCHEID!
RUBBL!

PUFF!
CHEF
KAFATTT!
MEGAZUCK!
CHEF
BATZ!
CHEF
NEE, FREUNDE, DIESMAL NISCH MIT DEM ALTEN HORST, WISSTER BESCHEID!
ENDE - JOEHENRICH 09